浙江乡村振兴研究报告 2022

ZHEJIANG XIANGCUN ZHENXING
YANJIU BAOGAO 2022

浙江农林大学浙江省乡村振兴研究院 ◎ 编

中国农业出版社
北 京

图书在版编目（CIP）数据

浙江乡村振兴研究报告．2022 / 浙江农林大学浙江省乡村振兴研究院编．—北京：中国农业出版社，2023.8

ISBN 978-7-109-30988-3

Ⅰ. ①浙…　Ⅱ. ①浙…　Ⅲ. ①农村一社会主义建设一研究报告一浙江一2022　Ⅳ. ①F327.55

中国国家版本馆 CIP 数据核字（2023）第 146443 号

中国农业出版社出版

地址：北京市朝阳区麦子店街 18 号楼

邮编：100125

责任编辑：贾　彬　　文字编辑：耿增强

版式设计：王　晨　　责任校对：张雯婷

印刷：北京通州皇家印刷厂

版次：2023 年 8 月第 1 版

印次：2023 年 8 月北京第 1 次印刷

发行：新华书店北京发行所

开本：787mm×1092mm　1/16

印张：11.5

字数：258 千字

定价：68.00 元

ZHEJIANG XIANGCUN ZHENXING
YANJIU BAOGAO 2022

《浙江乡村振兴研究报告2022》

编　委　会

序 PREFACE

2022年是党的二十大胜利召开之年。党的二十大报告提出，全面推进乡村振兴，坚持农业农村优先发展，坚持城乡融合发展，畅通城乡要素流动，一以贯之坚持把解决好“三农”问题作为全党工作重中之重，走中国特色社会主义乡村振兴道路。党的二十大决策部署为继续做好乡村振兴这篇大文章指明了方向、提供了遵循。

这一年，正值浙江省乡村振兴研究院成立十周年，十年来，研究院秉承“为农民谋发展、为农民达心声、为农民著历史”的宗旨，不忘初心，砥砺前行。研究院经历了从无到有、从弱到强，一步一个脚印，实现了从校级研究机构到农业部软科学研究基地、省哲学社会科学重点研究基地、省新型高校智库、省重点培育智库的转变。逐步汇聚了一批有担当、有作为、有情怀的“三农”专家学者，为浙江推进乡村全面振兴和共同富裕建言献策，产出大量优秀成果，推动研究院实现高水平建设和高质量发展。

2022年是不平凡的一年，我们满载收获，砥砺前行。这一年，积极建言献策。聚焦乡村振兴和生态文明两大领域，《进一步深化浙江省国家公园体制机制创新的政策建议》等18件咨政报告获得领导批示，其中省部级及以上领导批示12件；1件咨政报告获评中共中央办公厅秘书局“2021年度优秀稿件”。这一年，学术成果量质齐升。研究院国家级重大课题实现突破，国家级课题立项6项，省部级项目19项；发表学术论文60篇，其中，C刊及以上期刊论文41篇；出版著作12部。这一年，积极媒体发声。针对共同富裕、绿色低碳、乡村产业发展等话题，在《浙江日报》《农民日报》等发表理论文章9篇；接受《科技日报》《新民晚报》等媒体采访27人次。这一年，主动赋能地方发展。研究院协助参与秀洲、遂昌、嘉善的申报项目入围浙江高质量发展建设共同富裕示范区第二批试点，助力淳安、临安成功申报共富试点项目。

《浙江乡村振兴研究报告2022》是研究院一年研究成果的集中展示，收编了2022年研究院主要研究成果37篇，并按照内容分为综合研究、产业振兴研究、生态振兴研究、文化振兴研究和组织人才振兴研究五个部分。这些成果大多获得省部级以上领导批示或在报刊上公开发表。本书所列报告高度聚焦浙江省当前“三农”发展的热点、难点问题，提出有针对性、可操作性的对策建议，可为浙江省乃至全国其他省份乡村振兴发展决策提供有益参考。

踔厉奋发、勇毅前行。研究院将以二十大精神为指引，紧跟新时代步伐，加强顶层设计，主动作为。锚定浙江省“两个先行”，积极开展重大战略前沿问题研究，立足浙江、面向全国，以高度的责任担当和使命担当，切实发挥“智囊团”和“思想库”作用，在学术研究、决策服务、赋能社会等方面作出更加优异的成绩，在全面推进乡村振兴、中国式农业农村现代化新征程中展现担当，彰显作为，努力成为国内有重要影响力的乡村振兴高端智库，扎实推动党的二十大精神在浙江落地生根。

浙江农林大学浙江省乡村振兴研究院院长　沈月琴

2023 年 5 月 18 日

目录 CONTENTS

综合研究

引领新时代中国“三农”发展的新理论

——学习习近平关于“三农”工作的重要论述*

顾益康　潘伟光**

“中国要强，农业必须强；中国要美，农村必须美；中国要富，农民必须富。”中国是一个发展中的“三农”大国，“三农”问题在我国革命、建设、改革开放中都占有特别重要的位置。我国历代党和国家领导人都十分重视“三农”问题。习近平总书记在从当年陕北梁家河大队党支部书记到河北正定县委书记、福建宁德地委书记、浙江省委书记、上海市委书记等基层和地方工作的丰富历练中，与“三农”结下了不解之缘，形成了对“三农”的深厚情怀，对解决“三农”问题进行了创新性探索与实践。党的十八大以来，习近平总书记站在复兴中华民族和治国理政的历史高度，对“三农”工作进行了更加系统的谋划，汇成了一系列“三农”发展的新理念、新思路、新战略，这些重要论点、论断、论述内涵丰富，体系完整，系统阐述了解决中国“三农”问题的重大意义、指导思想、战略路径、发展动力、关键支撑、工作方法等重要内容，是中国新时期“三农”认识论、实践论、方法论的创新和有机统一，是我们党改革开放以来推动“三农”改革发展实践的理论结晶，是中国特色社会主义“三农”理论的最新成果，是习近平新时代中国特色社会主义思想的重要组成部分，开启了中国“三农”发展的新境界，为新时代中国“三农”问题的解决，提供了理论指南和根本遵循。

一、执政为民重“三农”——治国理政的“重农”思想

农兴则盛，农衰则乱，这是我国几千年历史明鉴。中国历史上有着丰富的以农为本、重农为先的农本思想。中国共产党深谙这一历史治国理政的规律，毛泽东同志由此走出了一条农村包围城市的革命成功之路，邓小平同志探索了一条以农村改革推动全方位改革开放的改革发展之路。习近平同志从中国新世纪全面建设小康社会和现代化建设新时期的实际出发，站在中华民族复兴、实现中国梦的历史高度，提出了“执政为民重‘三农’”治国理政的“重农”思想，努力探索出一条以农民小康促全面小康，以农业现代

---

* 本文刊于《农民日报》2022年1月15日第5版。

** 作者简介：顾益康，浙江省文史馆馆员、浙江农林大学浙江省乡村振兴研究院教授；潘伟光，浙江农林大学浙江省乡村振兴研究院执行院长、教授。

化促经济社会现代化，以美丽乡村促美丽中国，以乡村振兴促民族复兴的中国梦之路。

习近平同志在2005年浙江省农村工作会议上系统地提出了“执政为民重‘三农’”的“重农”思想，强调“立党为公、执政为民是党的根本宗旨，农民占人口的绝大多数是中国的基本国情，工农联盟是党执政的政治基础，农业是安天下、稳民心的战略产业，‘三农’问题始终与我们党和国家的事业休戚相关。”正是从这一中国的基本国情出发，习近平同志阐述了执政为民重“三农”的重要性和必要性。党的十八大以来，习近平总书记在多个场合多次强调“重农”这一重要思想。在2013年中央农村工作会议上，习近平总书记强调：“小康不小康，关键看老乡。一定要看到，农业还是‘四化同步’的短腿，农村还是全面建成小康社会的短板……农业基础稳固，农村和谐稳定，农民安居乐业，整个大局就有保障，各项工作都会比较主动。”2016年4月25日，习近平总书记在小岗村主持召开农村改革座谈会并发表重要讲话，他强调：“全党必须始终高度重视农业、农村、农民问题，把‘三农’工作牢牢抓住、紧紧抓好，不断抓出新的成效。”在党的十九大报告中，习近平总书记又与时俱进地提出了要实施乡村振兴战略，强调农业农村农民问题是关系国计民生的根本性问题，必须始终把解决好“三农”问题作为全党工作重中之重。要坚持农业农村优先发展，按照产业兴旺、生态宜居、乡风文明、治理有效、生活富裕的总要求，建立健全城乡融合发展体制机制和政策体系，加快推进农业农村现代化。

如何在治国理政中体现“三农”重中之重的重农思想，习近平同志早在2005年《之江新语》就明确指出：“要坚持党政主要领导亲自抓‘三农’工作，自觉地把‘重中之重’的要求落实到领导决策、战略规划、财政投入、工作部署和政绩考核上来，形成全社会支持农业、关爱农民、服务农村的强大合力和良好氛围。”习近平总书记把党管农村工作作为落实“重农”思想最重要的政治和组织保障，在2013年中央农村工作会议上强调：“党管农村工作是我们的传统。这个传统不能丢。各级党委要加强对‘三农’工作的领导，各级领导干部都要重视‘三农’工作，多到农村去走一走、多到农民家里去看一看，真正了解农民诉求和期盼，真心实意帮助农民解决生产生活中的实际问题，推动农村经济社会持续健康发展。”“执政为民重‘三农’”的“重农思想”在习近平关于“三农”工作重要论述中居于核心和引领的地位，也是我们党治国理政的思想和战略的重要体现。

二、以人为本谋“三农”——“三农”发展的民本指向

“三农”问题的核心是农民，这是总结新中国成立以来正反两方面经验教训得到的科学结论。习近平同志在2005年浙江省农村工作会议上明确提出把“以人为本谋‘三农’”作为新时期“三农”工作的指导思想。这种“以人为本谋‘三农’”民本指向的新观点的提出，对新时期“三农”工作起到了重要的引领指导作用，也可以说是对以往“以粮为纲”等错误的拨乱反正，也是马克思主义“人是生产力中最活跃的因素”和实现“人的自由而全面发展”思想的基本遵循。

习近平同志强调：“以人为本谋‘三农’，把我们党一切为了群众，一切依靠群众的工作路线贯穿于‘三农’工作的各个方面；就是要明确‘三农’问题的核心是农民问题，农民问题的核心是增进利益和保障权益问题；就是要把切实提高农民素质、实现人的全面发展，作为‘三农’工作的根本出发点和落脚点，实现好、维护好、发展好农民的物质利益和民主权利，不断增强农民群众的自我发展能力。”这体现了“三农”发展目的是为了农民、“三农”发展必须依靠农民、“三农”发展成果由农民共享的重要观点。

“以人为本谋‘三农’”体现了以人民为中心的发展思想。这也是“三农”发展要紧紧围绕农民自由而全面发展、实现让全体农民都能过上富裕美好幸福生活这一根本目标。“以人为本谋‘三农’”就是要体现“三农”发展为了农民的思想。习近平总书记在多个场合告诫我们，农业的发展不能以牺牲农民的利益为代价，不能搞以粮为纲，不能搞强迫命令，必须把生产经营自主权交给农民。农业要坚持以农业增效、农民增收为目标。他在浙江工作期间，就提出了发展高效生态农业，让农业成为能使农民致富的产业，让务农成为体面的职业，要“努力走经济高效、产品安全、资源节约、环境友好、技术密集、凸显人力资源优势的新型农业现代化道路。”他还倡导和实施了“千村示范、万村整治”工程，率先开展新农村建设和美丽乡村建设，强调要通过村庄整治和农村新社区建设，全面改善农村生产、生活、生态环境，让农民过上幸福的生活。在2013年中央农村工作会议上，习近平总书记再次强调：“继续推进社会主义新农村建设，为农民建设幸福家园和美丽乡村。”“以人为本谋‘三农’”也体现了“三农”发展要紧紧依靠农民，把调动农民的积极性、创造性作为“三农”发展的根本动力的思想。习近平同志在2006年浙江省农村工作会议上的讲话强调“坚持‘多予少取放活’，不断增强‘三农’的自我发展能力。增加‘三农’投入、减轻农民负担、创新发展模式，充分调动农民的积极性、创造性，不断提升农业综合生产能力、农民创业致富能力和农村可持续发展能力。”“以人为本谋‘三农’”还体现了“三农”发展的成果由农民共享的思想。习近平总书记强调：“全面建成小康社会，最艰巨最繁重的任务在农村、特别是在贫困地区。没有农村的小康，特别是没有贫困地区的小康，就没有全面建成小康社会”“确保到2020年所有贫困地区和贫困人口一道迈入全面小康社会”“决不能让一个少数民族、一个地区掉队，要让13亿中国人民共享全面小康的成果”。

三、统筹城乡兴“三农”——“三农”发展的根本路径

城乡关系是人类经济社会发展中最基本最重要的一对关系。城乡关系处理是否得当，是发展中国家迈向现代化进程顺畅与否的决定性因素。我国在计划经济体制下形成的急于求成的国家工业化赶超战略和城乡分割的二元经济社会结构是制约“三农”发展的根本性体制障碍。习近平同志在2004年就明确指出，统筹城乡发展、推进城乡一体化是解决“三农”问题的根本途径。城乡一体化的实质，就是打破二元结构，形成以城带乡、以乡促城，城乡互促共进的发展机制，不断缩小城乡差别，使城乡居民共享现代文明生

活。党的十八大以来，习近平总书记站在新的历史高度，对实施统筹城乡兴“三农”方略的重要性和必要性做了更深刻的阐述。在 2013 年就《中共中央关于全面深化改革若干重大问题的决定（讨论稿）》向全会所作的说明中指出：“城乡发展不平衡不协调，是我国经济社会发展存在的突出矛盾，是全面建成小康社会、加快推进社会主义现代化必须解决的重大问题。改革开放以来，我国农村面貌发生了翻天覆地的变化。但是，城乡二元结构没有根本改变，城乡发展差距不断拉大趋势没有根本扭转。根本解决这些问题，必须推进城乡发展一体化。”

习近平同志对“统筹城乡兴‘三农’”方略的内涵作出了科学的阐述：“我们强调务必统筹城乡兴‘三农’，就是要站在经济社会发展全局的高度，确立以统筹城乡发展的方略解决‘三农’问题的新思路，实行工业反哺农业、城市支持农村的方针；就是要把农业的发展放到整个国民经济发展中统筹考虑，把农村的繁荣进步放到整个社会进步中统筹规划，把农民的增收放到国民收入分配的总格局中统筹安排；就是要把农村和城市作为一个有机统一的整体统筹协调，充分发挥城市对农村的带动作用和农村对城市的促进作用，形成以城带乡、以工促农、城乡互动、协调发展的体制和机制。”

实施“统筹城乡兴‘三农’”方略的核心是要建立健全城乡发展一体化的体制机制。我国是发展中大国，国情和基础条件不同，必须从实际出发，建立一套有中国特色的城乡融合的体制机制。习近平总书记在 2015 年中共中央政治局第二十二次集体学习时又强调要健全城乡发展一体化体制机制，指出：“要把工业和农业、城市和乡村作为一个整体统筹谋划，促进城乡在规划布局、要素配置、产业发展、公共服务、生态保护等方面相互融合和共同发展。着力点是通过建立城乡融合的体制机制，形成以工促农、以城带乡、工农互惠、城乡一体的新型工农城乡关系，目标是逐步实现城乡居民基本权益平等化、城乡公共服务均等化、城乡居民收入均衡化、城乡要素配置合理化，以及城乡产业发展融合化。”

四、改革开放促“三农”——“三农”发展的动力源泉

改革开放是党在新的时代条件下带领全国各族人民进行的新的伟大革命，是当代中国最鲜明的特色，也是“三农”发展的强大利器。整个中国的改革是从农村起步，是一条以农村改革推动城市改革进而推进城乡一体化改革的实践路径。每一步农村的大发展大进步都是由改革推动的。习近平同志在 2005 年明确提出“改革开放促‘三农’”新观点，提出“改革开放是强国之路，是社会主义现代化建设的根本动力，也是推动农村经济社会发展的不竭动力。”在 2016 年安徽小岗村的农村改革座谈会上习近平总书记强调，解决农业农村发展面临的各种矛盾和问题，根本靠深化改革。

习近平同志在 2005 年浙江农村工作会议讲话时重点阐述了“改革开放促‘三农’”的内涵，他强调，改革开放促“三农”就是要以与时俱进的精神状态和强烈的政治责任感深入推进改革开放，不断为“三农”发展添活力、强动力、增后劲；就是要致力于推

进城乡配套的各项改革，革除一切影响“三农”发展的体制弊端，建立有利于消除城乡二元结构的机制和体制；就是要以开放促发展，大力实施“走出去”“引进来”的战略，不断拓展“三农”发展新空间。

“改革开放促‘三农’”的重点就是要与时俱进深化农村综合改革。习近平总书记在小岗村农村改革座谈会时指出，新形势下深化农村改革，主线仍然是处理好农民和土地的关系。最大的政策，就是必须坚持和完善农村基本经营制度，坚持农村土地集体所有，坚持家庭经营基础性地位，坚持稳定土地承包关系。习近平总书记强调，完善农村基本经营制度，要顺应农民保留土地承包权、流转土地经营权的意愿，把农民土地承包经营权分为承包权和经营权，实现承包权和经营权分置并行，这是农村改革又一次重大制度创新。他还强调农村综合改革，“要尊重农民意愿和维护农民权益，把选择权交给农民，由农民选择而不是代替农民选择，可以示范和引导，但不搞强迫命令、不刮风、不一刀切。不管怎么改，都不能把农村土地集体所有制改垮了，不能把耕地改少了，不能把粮食生产能力改弱了，不能把农民利益损害了。”

五、科技教育强“三农”——“三农”发展的关键支撑

“三农”要强，科技教育必须强。近现代世界强国的崛起和现代农业的发展都以科技教育为支撑，科技创新与教育成为强国富民的关键。习近平同志高度重视科技教育对强“三农”的作用，在多个场合的讲话中谈到科教兴农的重要性。早在2006年浙江省新农村建设会议上就提出了把“科技教育强村”作为新农村建设的重大战略任务。在2012年视察中国农业大学时，习近平同志对在场的专家、群众和干部说，中国人多地少、人多水少，确保农产品有效供给，根本出路在科技。习近平总书记在2013年山东省农业科学院召开的座谈会上表示：“农业出路在现代化，农业现代化关键在科技进步。我们必须比以往任何时候都更加重视和依靠农业科技进步，走内涵式发展道路。”在2015年中央全面深化改革领导小组第十一次会议上他强调：“发展乡村教育，让每个乡村孩子都能接受公平、有质量的教育，阻止贫困现象代际传递，是功在当代、利在千秋的大事。”

“科技教育强‘三农’”的内涵，就是要牢固树立科技是第一生产力的理念，就是要重视农业科技的创新和农业农村人才这些活要素的重要作用，就是要加大科技教育投入，让科技教育全面提升“三农”发展的水平。习近平同志在2006年浙江省委建设社会主义新农村专题学习会上指出，要着力转变农业增长方式，用现代发展理念指导农业，用现代生产要素投入农业，用现代生产方式改造农业。要抓住当前科技进步、产业重组、生产要素转移加快的极好机遇，建立重点生产要素流向农业、现代生产方式改造农业的机制，进一步加大“科技兴农”的力度。在2017年全国两会参加四川代表团审议时指出，要就地培养更多爱农业、懂技术、善经营的新型职业农民。

“科技教育强‘三农’”的重点是要提高科技教育要素对农业发展的贡献。习近平总书记2013年11月在山东考察时强调：“要给农业插上科技的翅膀，按照增产增效并重、

良种良法配套、农机农艺结合、生产生态协调的原则，促进农业技术集成化、劳动过程机械化、生产经营信息化、安全环保法治化，加快构建适应高产、优质、高效、生态、安全农业发展要求的技术体系。”习近平同志在2005年浙江省农村工作会议讲话时就强调指出，切实把“教育强省”的重点放到农村，大力普及农村学前3年教育、高中段教育和特殊教育，重视儿童早期教育，大力发展职业教育和成人教育。

六、求真务实抓“三农”——“三农”工作的思想作风

解决好全党工作的重中之重——“三农”问题，必须要有马克思主义求真务实的态度和工作作风，必须大力弘扬真抓实干、埋头苦干的作风和实干兴邦精神。习近平同志在2005年浙江农村工作会议上指出了“求真务实抓‘三农’”的必要性，“求真务实，是马克思主义者必须一以贯之的科学精神和工作作风。弘扬求真务实精神，大兴求真务实之风，总的就是要我们去求社会主义现代化建设客观规律之真，务谋最广大人民根本利益之实。”

在“求真务实抓‘三农’”的内涵要求上，2005年习近平同志就明确指出：“我们强调务必求真务实抓‘三农’，就是要坚持解放思想、实事求是、与时俱进的思想路线，把握新时期新阶段‘三农’工作的客观规律，积极探索解决‘三农’问题的新途径；就是要坚持讲实话、出实招、办实事，把推进‘三农’工作的各项政策举措真正落到实处；就是要牢固树立正确的政绩观，切实转变工作作风，真心实意地为农民群众谋利益，善于带领农民群众共创美好生活。”

在求真务实的方法上，习近平同志强调工作方法上大兴调查研究之风，指出：“调查研究是谋事之基、成事之道。没有调查，就没有发言权，更没有决策权。”在《之江新语》开篇《调研工作务求‘深、实、细、准、效’》，指出“各级领导干部在调研工作中，一定要保持求真务实的作风，努力在求深、求实、求细、求准、求效上下功夫。”求真务实就是要发扬钉钉子精神和实干精神，要坚持“一分部署，九分落实”“要抓实、再抓实，不抓实，再好的蓝图只能是一纸空文，再近的目标只能是镜花水月”。

求真务实要求干部要有正确的政绩观，习近平同志指出：“‘三农’工作要有作为，一定要树立正确的政绩观，多做埋头苦干的实事，不求急功近利的‘显绩’，创造泽被后人的‘潜绩’。”有了好的蓝图，还要持之以恒干到底，干则必成。习近平同志强调：“树立正确的政绩观，其中很重要的一条，就是对那些实践证明行之有效的做法和决策，要一以贯之，决不能朝令夕改，因领导人的改变而改变，而要在前任的基础上添砖加瓦。这是一种政治品格，是正确政绩观的反映，也是代表最广大人民群众根本利益的需要。”

顶天立地咨政启民发声发力 彰显“三农”智库新时代担当

——浙江省乡村振兴研究院（中国农民发展研究中心）成立十周年回顾与经验启示*

潘伟光　顾益康**

十年前，一群来自全国不同地方不同单位不同身份却有同样深厚“三农”情怀和热爱“三农”研究，志愿奉献“三农”的老中青“三农”人于2012年汇聚在天目山脚下的浙江农林大学，以“为农民谋幸福、为农民著历史、为农民达心声”为宗旨，成立了“中国农民发展研究中心”。十年砥砺前行，不忘初心，中心先后于2013年1月获批浙江省哲学社会科学重点研究基地，2017年1月成为农业部软科学重点研究基地，2017年4月获批首批浙江省新型高校智库。2018年9月，浙江省乡村振兴研究院（以下简称研究院）成立并成功入选首批浙江省新型智库。研究院以服务国家乡村振兴重大战略为使命，通过咨政服务、科学研究、人才培养以及机制创新“四位一体”的建设，努力成为浙江省委、省政府乡村振兴战略实施推进的重要智囊和全国乡村振兴研究有重要影响力的大智库。

一、十年耕耘展成效

1. 瞄准重大战略前沿，形成全国重大影响力咨政成果

解决好“三农”问题是全党工作的重中之重。浙江省是改革开放先行地，也是习近平中国特色社会主义思想的重要萌发地，是研究中国“三农”问题的前沿之地。回应时代重大关切，研究院瞄准重大“三农”前沿，近5年有近50多个报告获省部级以上领导批示，2个获国家领导人批示，并形成了一批在全国具有重大影响的报告。一是以浙江“千村示范、万村整治”工程和美丽乡村建设为研究对象，对城乡融合发展背景下的中国乡村建设进行迭代升级的追踪研究。代表性研究成果《从德清美丽乡村建设实践看乡村

---

* 本文获得中央农村工作领导小组办公室、农业农村部领导批示。

** 作者简介：潘伟光，浙江农林大学浙江省乡村振兴研究院执行院长、教授；顾益康，浙江省文史馆馆员、浙江农林大学浙江省乡村振兴研究院教授。

复兴之路》研究报告报送中央农村工作领导小组办公室作为党的十九大报告起草组的“三农”参阅材料，为党中央和习近平总书记作出实施乡村振兴战略重大决策，提供了浙江先行先试的实践样本，也为2018年中央1号文件“关于实施乡村振兴战略的意见”的起草提供了重要参考，为此收到中央农办专门感谢信。二是聚焦农村重大改革，《关于加快推进农村集体资产股份合作制改革的对策建议》等获中央财经领导小组办公室和农业部领导肯定性批示，成果被《中共中央国务院关于稳步推进农村集体产权制度改革的意见》文件采纳应用，相关成果获农业农村部软科学优秀成果奖一等奖、浙江省哲学社会科学优秀成果奖一等奖，为全国推进农村集体产权制度改革做出了贡献。三是聚焦生态文明建设重大前沿，研究院递交的关于碳达峰碳中和的6个政策建议报告均获省委主要领导批示，推动了浙江双碳战略的先行政策和实践。

2. 深入开展学术研究，潜心打造一批文化理论成果

聚焦聚力学术前沿，发挥专业优势，为智库建设夯实理论基础。一是积极推进习近平“三农”工作重要论述的理论化研究。充分利用习近平总书记当年主政浙江五年期间亲自抓“三农”工作时实施的一系列创新性前瞻性统筹城乡兴“三农”战略工程留下的许多重要“三农”论述和“三农”创新理论的有利条件，承担和完成了浙江省和农业农村部招标的习近平“三农”重要论述的理论创新课题，在《浙江日报》上刊发了《从千万工程到乡村振兴战略》等总结习近平“三农”论述在浙江萌发和全国深化的理论文章，在《农民日报》以整版篇幅刊发了《引领新时代中国三农发展的新理论》，为“三农”系统学习宣传习近平新时代中国特色社会主义思想作出了重要贡献。二是聚力乡村文化振兴。承担浙江省委、省政府重大专项“《千村故事》五个一行动计划”，与浙江省委农村工作领导小组办公室合作开展浙江1 273个历史文化村落传统文化的挖掘与保护工作，获浙江省委、省政府主要领导人批示；编撰一套《千村故事》9卷丛书，入选“百优”图书。三是系统构建了自然资源产权交易制度。率先构造了水权交易方程、水权交易费用函数，基于中国案例分析提出了中国多层次水权交易框架，构建了环境经济手段优化选择模型，并基于此，在用水权制度、碳排放权及碳汇制度、用能权制度等自然资源产权制度领域取得重要标志性成果。

近年承担省部级以上纵向课题100余项，其中国家级项目30项；在CSSCI级别以上的学术期刊发表论文100余篇，其中SCI、SSCI、国内权威期刊论文30余篇、一级期刊论文30余篇；编著出版《浙江乡村振兴研究》《千村故事》《农民发展文库》等系列著作30余部；获得省哲学社会科学优秀成果奖一等奖、农业农村部软科学优秀成果奖一等奖、省科学技术进步奖二等奖、梁希科学技术奖二等奖等省部级科研奖励10余项。研究院（浙江农林大学中国农民发展研究中心）入选《全球智库报告2020》“最佳新智库”榜单。

3. 积极开展社会服务，赋能地方发展

理论联系实际、指导实践，研究院积极为地方改革发展献智献策。与嘉兴市秀洲区

合作成立中国（嘉兴）城乡融合发展研究院，推动国家城乡融合发展试验区建设的顶层设计和试验试点，帮助策划打造全国首个城乡融合展示馆；积极指导杭州市临安区开展农村集体产权制度改革，“临安经验”成为全国典型，供各地学习借鉴；社科赋能26县发展，组织农产品营销品牌等10多个专家服务团队，助力山区发展，帮助遂昌县获得省高质量发展建设共同富裕示范区试点项目；积极开展服务乡村人才振兴培训，近年培训全国乡村人才万余人次。

4. 多渠道多形式传播成果，为乡村振兴鼓与呼

积极搭建乡村振兴交流平台，持续主办乡村振兴智库论坛、长三角“V30”村书记论坛、乡村振兴大讲堂。其中，长三角“V30”村书记论坛每年邀请江浙沪皖的30位明星村书记与国家级专家学者等共同探讨乡村振兴的新模式、新路径、新动能，为长三角一体化背景下的乡村振兴带来更多的“领头雁”效应，已举办的两届论坛均引起了广泛反响，央视新闻、学习强国等媒体作了报道。

积极利用媒体，为乡村振兴发声发力。近年研究院接受新华社、中央电视台、浙江卫视等媒体采访70余人次，其中，顾益康教授接受新华社《习近平讲述的故事》采访，沈满洪教授领衔大型思政直播课《中国共产党为什么能》栏目，多位专家受邀作为《今日评说》栏目点评专家，潘伟光教授获全省基层理论宣讲“成绩突出的个人”表彰。研究院在《光明日报》《浙江日报》等刊登理论文章50余篇，发表《奏响千百万农民全面发展之歌——新中国成立70年浙江“三农”发展经验启示》等系列重要文章。

二、智库建设经验启示

1. 大专家领衔大团队

研究院汇聚一批全国知名的专家，有被时任浙江省委书记习近平称为“省级农民”的顾益康，有国家“万人计划”哲学社会科学领军人才沈满洪、孔凡斌，学术委员会委员吸纳有国务院参事、中央农办农业农村部乡村振兴专家咨询委员、省咨询委员会委员等国内一流专家，也集中了一批校内优秀的中青年骨干，近年逐渐形成了以农业农村部专家咨询委员、国家万人、省政府咨询委员为核心的特色团队，形成老中青、传帮带的梯队和团队优势，聚力乡村领域发展研究。

2. 大调研形成大咨政

咨政成果离不开对现实问题的关注和思考，研究院依托项目，每年开展大量乡村入村入户课题调研，在全省设立一批研究基地、研究院，让青年老师在省农业农村厅、县级部门等挂职锻炼等途径，持续培养咨政能力和提高服务社会水平。大调研促成大成果，研究院咨政大成果都是在大量乡村调研后形成的决策参考报告。

3. 学术与咨政互促共进

撰写咨政报告是智库建设的重要任务，高校智库同时要肩负学术创新的使命。在当前高校教师咨政能力相对薄弱的情况下，学校加强对老师咨政能力的培训和引导，同时鼓励老师走出去，在实践中发现真问题并提炼学术问题，提高咨政和学术能力，促进咨政和学术研究相辅相成，相得益彰。

4. 内外协同创新发展

乡村振兴涉及学科领域广泛，通过加强校内学院学科和平台资源力量整合，把农林经济管理、乡村文化、社会治理、生态经济等各领域专家力量进一步汇聚，并通过校外专家采取柔性引进和聘任特聘研究员、兼职研究员等方式，进一步充实智库研究力量。同时，加强外部与政府部门、国内高校和科研机构、企业、村镇等政产学研协同，开展合作研究、举办论坛、共建联盟、研究基地等活动，在乡村振兴大事业中更好发挥“三农”智库的协同共创力量。

展望未来，研究院将以习近平总书记关于共同富裕和“三农”工作的重要论述为指引，干在实处，走在前列，努力成为对全国乡村振兴有重要影响力的大智库，为民族复兴作出更大的贡献！

县域城乡融合促进共同富裕的秀洲案例及启示*

顾益康　潘伟光**

一、案例背景

秀洲区是中国革命红船起航地嘉兴市的主城区之一，总面积547.8平方千米，下辖5个镇、4个街道、1个国家级高新区，户籍人口38万、常住人口73万。2004年3月，时任浙江省委书记的习近平同志在嘉兴蹲点调研时，要求秀洲“继续坚持以城带乡、以工促农，努力在城乡一体发展方面走在前列”。18年来，秀洲始终牢记总书记嘱托，统筹城乡经济社会协调发展，坚定不移地推进城乡一体化。2017年，党的十九大报告首次提出“建立健全城乡融合发展体制机制和政策体系”。2019年嘉兴市全域入选国家城乡融合发展试验区。秀洲区被嘉兴市委、市政府赋予先行先试、探索经验的重任。3年来，秀洲区以“先行者”的姿态，以“示范引领”为使命，以均衡富庶发展为目标，以“十大创新突破”为动力，全方位推进“十大融合”，书写了高水平城乡融合促共富的绚丽篇章。2021年城乡居民人均可支配收入分别达到6.3万元和4.2万元，分别增长8.5%和9.1%，城乡收入比缩小至1.51∶1、位列全市第2、全省第4，位居中国城乡统筹百佳县市第19名。秀洲区《统筹城乡发展，打造均衡富庶发展最佳典范》入选全省高质量发展建设共同富裕示范区典型案例，《探索城乡融合社区建设模式　打造共富基本单元火炬样板》入选浙江省高质量发展建设共同富裕示范区试点。

二、主要做法

1. 聚力规划引领，高起点构建城乡“三生”新空间

坚持新型城镇化和乡村振兴双轮驱动，高起点规划构建城乡生产生活生态新空间，营造繁华都市主城区与特色新城镇和美丽新乡村融合发展新格局，加快迈向产城高度融

---

* 本文获得中央农村工作领导小组办公室、农业农村部领导批示。

** 作者简介：顾益康，浙江省文史馆馆员、浙江农林大学浙江省乡村振兴研究院教授；潘伟光，浙江农林大学浙江省乡村振兴研究院执行院长、教授。

合、城乡高度融合的现代化主城区。全域优化城乡空间布局。构建涵盖城、镇、村的规划“一张图”。优化主城区规划，高起点规划建设运河湾新城，形成“一湾带两区”发展新格局。大力实施全域土地综合整治，优化城乡空间布局。全力提升城市发展能级。建成以“一园四中心”为核心的高品质城市生活空间，基本形成15分钟“公共服务圈”“文化生活圈”和“健身圈”，各乡镇加速由“镇”向“城”转变。全面完善城乡基础设施。构建一体化、科学化的城乡基础设施支撑体系，加快推进“一环五射”快速路网建设，高质量推进“美丽农村路”建设，不断提升城乡供水供电供气基础设施一体化水平。全域美化城乡环境风貌。致力打造“最特色”集镇、“最乡愁”村落、“最宜居”社区、“最江南”水乡、“最美丽”公路，省级美丽乡村示范镇实现全覆盖，获批省级未来社区2个、入选省级未来乡村建设试点4个，首创省际边界水域联防联治机制，勇夺“大禹鼎”银鼎，创建国家级湿地公园1个、国家园林城镇2个。

2. 聚力经济高质量，发展城乡融合新产业

加快建设城乡产业协同发展平台，促进三产融合发展、传统产业与新业态融合发展，打造城乡产业高质量融合发展的现代化经济体系。全面做强“种业＋”现代新农业。抓紧推进三产融合，大力提升农业科技化、数字化、机械化水平，入选2021全国粮食绿色高质高效行动示范县，入选国家级农业产业示范强镇2个，省级农业发展平台实现全覆盖，建成粮食、青鱼、莲藕三条全产业链，入选国家现代农业示范区、省级新时代现代种业集成改革试点，获评全国县域数字农业农村发展水平评价先进县。全面做优“科创＋”现代新智造。加速实施创新驱动发展战略，大力推进现代产业体系、科创平台体系打造，光伏全产业链生态圈强劲崛起，数字经济发展综合评价跻身全省前十，秀洲国家高新区蝉联同批次新升级国家高新区评价排名第一，秀湖、天鹅湖科创湖区加速蝶变，省级以上孵化器数量全市第一。全面做精“美丽＋”城乡新业态。加快培育乡村新产业，大力发展“夜间经济”“美丽经济”，入选省级休闲农业与乡村旅游精品线路3条，创建省级4A级景区镇2个，获评全国乡村旅游重点村1个，“秀水年华”摩天轮成为网红打卡地，嘉兴市文化艺术中心入选省公共文化服务高质量发展典型案例。

3. 聚力生活高品质，创造无忧新城乡

始终坚定践行人民至上理念，把增进民生福祉作为发展根本目的，不断提高全生命周期公共服务品质，推进城乡公共服务均衡普惠，努力推动实现城乡居民富裕富足、城乡服务优质优享。就业无忧。建立农村劳动力信息数据库和企业用工需求信息数据平台，校地企合作开设技能培训班，培育市级创业基地5家，创建省级高质量就业村（社区）4个、省级返乡入乡合作创业村3个，城镇登记失业率处于全省最低水平。就学无忧。建设“美好优学”品牌，近5年新增学位1.25万个，乡村和镇区公办义务教育学校实现跨地区城乡教育共同体全覆盖，公办学校教育质量跻身市本级第一方阵，成功创建国家级教育基本均衡发展区。健康无忧。以全国率先开创合作医疗“秀洲模式”为基础，持续优化

医疗服务体系、深化医疗联合体建设、强化医疗保险保障，基本建成基本公共卫生服务“15分钟服务圈”，基层就诊率、县域就诊率和人群主要健康指标始终保持全省前列，健康浙江考核实现连续3年优秀，2021年跃居全省第二。康养无忧。构建完善以居家为基础、社区为依托、机构为补充、医养相结合的多层次养老服务体系，打造智慧化养老服务，入选全国智慧健康养老示范基地，“安心养”智慧养老服务平台获央媒10余次报道点赞。保障无忧。农民基础养老金实现九连调，2021年达到290元/（人·月），户籍人员养老保险参保率连续3年位列全市第一；最低生活保障达到1 000元/（人·月），创新低收入家庭“飞地抱团”增收模式，2022年预计可实现户均年增收3 174元。

4. 聚力治理现代化，高效能推进城乡社区治理新体系

积极探索城乡融合新社区共建共治共享治理模式，建立“高效协同、整体智治”的现代社区治理体系，提升治理能力。突出党建引领，构建五级党组织新体系，推进社区居民委员会、小区业主委员会组建全覆盖，健全“网格＋”工作机制，推进村（社）组织体系、管理体系、服务体系重构，强化社区居住地管理服务功能。突出共建共享，建立“一约、两会、三团、四格、五社”的“12345”社区治理新模式，推动社区治理迭代升级，提升优化社区管理服务水平。突出文明和谐，持续完善“10分钟品质文化生活圈”，开展“最美”系列选树活动，提升民主法治社区创建水平，推动“以新管新”，强化新居民管理服务，打造文明法治新高地。突出精准高效，搭建社区数字化管理服务新平台，迭代提升“一中心四平台”、推进“141”体系与社区连接贯通，搭建社区治理“云平台”，构建出租房管理系统，加快未来社区“邻系列”“享系列”应用服务场景落地，构建立体型、智慧型治安防控体系。

5. 聚力改革大集成，高水平打造城乡融合共富新单元

以“城乡融合共富新社区”样板试点为抓手，探索城乡融合社区增收共富、服务优享、社会智治新模式，推动改革措施落地，高水平打造共同富裕现代化基本单元。农村权益激活改革示范。探索实施“全域规划＋土地整治”“不定位确权＋承包权入股”和“资产活化＋服务深化”三项机制，加速宅基地自愿有偿退出，推进承包经营权变股权、农民变股民，拓宽增收致富渠道。试点单元火炬村农民实现年房租收益超4万元，承包地每亩增收100元以上，村集体收益2021年分红58万元，2021年人均可支配收入5.33万元。共建共治共享美好家园改革示范。探索实施“登记备案＋居住地管理”“未来社区＋共享服务”和“协同共治＋整体智治”三项机制，保障原有农村权益不受影响，同时享受居住地全生命周期公共服务，打造公共服务优质共享、社区治理精准高效的美好家园，加快转移农民市民化，实现“无感进城”。现代农业发展改革示范。探索实施“万亩良田＋生态农业”“标准农地＋农业双强”和“产学研＋育繁推”三项机制，成功创建市首批美丽田园示范区，加快建设市郊“三生”融合的稻田农民公园，大力发展智慧农业，开展稻米种业科技创新转化改革试点，打造“最美田园”“浙北粮仓”“稻米芯片”。

三、经验启示

1. 县域城乡融合发展要以总书记关于城乡融合发展的重要论述为根本遵循

秀洲实践彰显了习近平总书记对秀洲殷殷嘱托的实践伟力，早在 2004 年 3 月，时任浙江省委书记的习近平同志到嘉兴蹲点调研，对秀洲提出了“继续坚持以城带乡、以工促农，努力在城乡一体发展方面走在前列”的殷殷嘱托。18 年来，秀洲始终牢记嘱托，全力推进城乡一体化发展。秀洲开展国家试验区建设以来，坚持以习近平总书记关于城乡融合发展的重要论述为根本遵循，坚持城乡一盘棋，一体化顶层设计，在县域内坚持城镇化与乡村振兴双轮驱动为指引，以破除城乡二元体制机制为突破口，推动新时代城乡融合的顶层设计与规划实施。

2. 县域城乡融合发展本质是走向城乡共同富裕之路

县域城乡融合要不断消除城乡差距、收入差距、区域差距，因此架构城乡融合的桥和路十分重要，针对制约城乡发展不平衡、农民农村发展不充分的实际，从秀洲实践探索看，通过推进城乡规划设计融合、城乡资源要素融合、城乡产业发展融合、城乡基础设施融合、城乡公共服务融合、城乡社会治理融合、城乡增收致富融合、城乡社区建设融合、城乡生态环境融合、城乡居民融合的 10 个方面系统路径和建设任务，构建起城乡互促互补、城乡共同繁荣的新型城乡关系，加快实现本地农业转移人口、外来人口、农民等群体共创共享、融合发展的共同富裕美好新社会。

3. 县域城乡融合发展要通过集成性改革形成制度政策体系

秀洲的经验表明，要实现城镇化、乡村振兴双轮驱动，必须加快集成改革，有序破除城乡要素自由流动的体制机制障碍，形成一套完备的城乡融合发展的体制机制和政策体系，也为农业农村现代化一体推进提供重要支撑。秀洲推出了创新建立农户承包经营权股份化机制、宅基地自愿有偿退出机制、本地搬迁农民权益保障机制、农村集体经营性建设用地入市机制、城乡居民基础养老金增长机制、平原湖荡生态产品价值评价机制、农业高质量发展机制、强村富民新机制、城乡公共服务优质共享机制、城乡融合新社区治理机制等十大机制，制定了《关于探索建立农村三权依法自愿有偿转让退出机制的工作方案》《关于探索建立城乡有序流动的人口迁徙制度工作方案》《秀洲区本地农民进城安置居住地登记备案实施办法》等 10 多个相关系统性政策保障体系，让农民财产可保留、可继承、可交易，让农业转移人口城市公共服务可享受，并通过城乡融合新社区基本单元建设，加快实现城乡公共服务普惠共享，促进农民就地城镇化与市民化，加快农业转移人口市民化的进程，也加速了农业现代化的发展。

4. 全域土地整治是撬动县域城市能级提升和农业农村现代化的重要切入口

从历史上看，城市发展和乡村发展都在持续经历着有机更新，我国县域城镇化、现代化在加速推进，而建设用地增量十分有限。秀洲区从乡村自然村多、村域分散、宅基地利用效率低效，以及越来越多农村劳动力已经在城镇二、三产业就业的实际出发，以全域土地综合整治为杠杆，撬动土地、人口等要素优化配置，从2018年到2020年，共实施全域土地综合整治项目15个，整治区域面积22万亩*，在节约建设用地和有效增加耕地面积方面取得明显成效。通过全域土地整治，加快了田园新城市和特色新城镇及未来新社区建设，提升了城市发展能级，促进了农业转移人口市民化和城镇化进程，另一方面改善了村民居住环境和村容村貌，推动了美丽乡村建设，带动了农村宅基地改革，同时有效促进农地集中连片、耕地质量等级提升以及高标准农田建设，为农业转型升级提供了重要支撑。

5. 把城乡融合新社区基本单元建设作为加快县域内城乡融合发展的重要着力点

伴随着县域经济和城镇化的发展以及随着国土空间规划三条红线划定，土地综合整治村的农田和村级组织还将长期存在，搬迁户集聚社区将越来越多、长期存在，预计秀洲区到2025年，共搬迁集聚1万农户3.5万人，至2035年，全区共集聚3.77万农户13.2万人。搬迁户集聚小区兼具城郊接合部社区和融合型大社区的某些特征，治理难题多、难度大，农民脱离土地进城、农田管理、乡村产业发展、农民管理服务、转移农民市民化进程等一系列普遍性、共性问题相继产生。城乡融合社区既不同于城市社区，也不同于农村社区，探索形成兼具城市和乡村社区的形态、功能、优点的城乡融合社区建设模式，对于城乡融合促进共同富裕基本单元建设实践具有重要意义。

6. 县域城乡融合改革要坚持守住底线防范风险

秀洲区城乡融合改革顺应广大农民群众对美好生活向往的需求，充分尊重农民的意愿，正确处理改革发展稳定关系，守住土地所有制性质不改变、耕地红线不突破、农民利益不受损的底线，守住生态保护红线，稳妥推进土地全域整治，把握宅基地、承包地、集体资产股权等系列改革的时度效，有效防范各类风险隐患。这是城乡融合改革稳妥运行、得到广大农民群众拥护响应的重要保障，也是城乡融合改革的一条重要基本经验。

* 亩为非法定计量单位，1亩等于1/15公顷。

改革破题　创新制胜*

潘伟光**

“十四五”时期，浙江省被赋予高质量发展建设共同富裕示范区的新使命，也开启了建设农业农村现代化先行省的新时期。

多年来，全省上下通过持续深化农村基本经营制度、土地制度、户籍制度、产权制度、金融制度等改革，激活了主体、激活了要素、激活了市场，破解了一系列制约农业农村农民发展的体制机制障碍。但同时我们看到，长期以单项、局部改革为特点的农村改革虽然取得显著效果，却也面临着边际效益递减的窘境。特别是改革条块分割、碎片化、不协调、不配套，甚至相互掣肘等问题突出，制约着改革效能进一步发挥。

面对新发展目标和要求，针对已有农村改革的不足和问题，浙江省与时俱进，在改革路径、方式、方法等方面进行了一场革命，通过集成改革，强调改革内容的顶层设计、综合集成，促进各项改革在政策取向上协同配合、实施过程中相互促进、改革成效上同向叠加，持续提升改革对“三农”发展的贡献。

一年多来的实践，让我们欣喜地看到了试点地区的变化，农业高质高效发展加快多种形式推进，农村居民人均可支配收入和村集体经济收入加快提升，农民获得感和幸福感进一步增强。各地通过乡村集成改革，打造了一批“生态优良、村庄宜居、经济发展、服务配套、乡风文明、治理有效”的新乡村，形成了一批改革特色鲜明、要素配置合理、活力竞相迸发、城乡高度融合的样板，也为全省乃至全国实施乡村振兴战略探索了新路子、积累了新经验。可以预见，随着集成改革继续推进和成功经验推广，农业农村现代化进程将得以提速，高质量发展建设共同富裕示范区的“三农”基础也将更为坚实。

---

* 本文刊于《浙江日报》2022年2月8日第4版。

** 作者简介：潘伟光，浙江农林大学浙江省乡村振兴研究院执行院长、教授。

创新擘画浙江“三农”新画卷[*]

顾益康[**]

“中国要强，农业必须强；中国要美，农村必须美；中国要富，农民必须富。”作为乡村振兴示范省和高质量发展建设共同富裕示范区，浙江今后5年要努力在“三农”高质量发展、乡村高水平振兴上率先探路作出示范，努力成为全面展示中国乡村高质量振兴和农民农村共同富裕的重要窗口，展现中国特色社会主义制度的巨大优越性。具体来说，建议从以下三个方面发力：

一是按照农业高质高效要求，把发展高效生态现代农业作为浙江未来农业的目标。 致力于深化农业供给侧结构性改革，培育现代农业经营主体，完善生产合作、供销合作、信用合作“三位一体”新型农合联服务体系，奋力推进浙江农业向高效生态现代农业转型升级，为全国探索一条高效生态新型农业现代化路子，使高效生态现代农业成为经济社会高质量发展的“压舱石”。

二是按照农村宜居宜业的要求，把美丽富裕的共富乡村作为浙江未来乡村的标的。 以迎接2023年“千村示范、万村整治”工程20周年为契机，通过推动城乡融合发展和“两进两回”政策引导，促进建设美丽乡村、运行美丽乡村、共享美丽乡村的有机结合，把引领美丽乡村向共富乡村迭代升级作为深化“千万工程”的新目标，充分发挥未来共富乡村在高质量发展建设共同富裕示范区中的现代化基本单元作用。

三是按照农民富裕富足要求，把全面发展新型农民作为浙江未来农民培育的方向。 顺应新时代农民加快分工分业分化新趋势，把专业化职业化年轻化的新农人培育成新型农业经营主体，把进城务工和从事手工业的农民工培育成技术工人和新匠人，把从事商业服务业和美丽经济的农民培育成有创意有社会责任的新商人，把从事乡村管理的基层干部培育成带领农民走共同富裕道路的“新头雁”，让他们成为浙江高质量发展建设共同富裕示范区的不竭动力。

---

* 本文刊于《浙江日报》2022年5月13日第7版。

** 作者简介：顾益康，浙江省文史馆馆员、浙江农林大学浙江省乡村振兴研究院教授。

以有效的农民集聚转化，推进县域更高水平城乡一体化发展的建议

——基于龙游“小县大城　共同富裕”实践的分析*

李一　郅玉玲　张公望　等**

近年来，龙游县锚定“小县大城　共同富裕”的发展目标，着力推动偏远地区农村人口的集聚转化，有效提升城乡一体化发展水平，在实现县域高质量发展和共同富裕，促进人的现代化发展方面，探索了有益的经验做法。本文通过调研，概括了龙游以农民集聚转化推进更高水平城乡一体化的做法，提出了相关建议。

一、龙游以农民集聚转化推进更高水平城乡一体化做法

龙游县在深入贯彻落实省委、省政府全面实施乡村振兴战略、高质量发展建设共同富裕示范区的决策部署方面，围绕全省缩小地区差距试点县建设目标，制定《龙游县“小县大城　共同富裕”农民急剧转化实施意见（试行）》，配套出台《龙游县高质量推进农业转移人口市民化十条政策措施（试行）》等规范性文件，以城镇化发展为有效载体，引导和规范农民向中心城镇和县城集聚转化，集中改善低收入农户和偏远山区农民的生产生活条件，有效推进更高水平的城乡一体化发展，助推乡村振兴、城乡融合和县域共同富裕的发展进程。

1. 注重安居为先，推动偏远地区农业人口自愿有序转移

符合集聚转化条件的农民，遵照集聚转化条件选择安置方式，并根据家庭在册人口数量、住房面积享受标准等，安排住房和享有补偿、补助，妥善解决安居问题。对于安置方式，可选择国有（划拨）土地公寓安置或货币安置，也可选择镇级迁建安置点集体土地建房安置。在管理层面，推行闲置土地建房安置，全面登记、准确掌握农业转移人口情况，对各类政策业务实施“一卡通办”，提升管理服务效能。

---

* 本文获得浙江省领导批示。

** 作者简介：李一，国务院政府特殊津贴专家、浙江省委党校哲学教研部主任；郅玉玲，浙江农林大学浙江省乡村振兴研究院教授；张公望，杭州市委党校讲师。

2. 注重就业促进，实现农业人口转移与产业项目联动推进

对法定年龄阶段内的农业转移人口进行就业失业登记，有创业要求和培训意愿者可参加免费培训，达到培训目标者可按规定享有培训期间的生活费补贴；符合相关条件的首次创业者，可按规定享有一次性创业补贴，以及享有创业担保贷款贴息扶持政策；对农业转移人口中的困难群体，进行就业帮扶和按规定发放相应补贴。

3. 注重民生保障，确保城镇公共服务全面覆盖

统筹安排农业转移人口的市民化转化工作，将其有效纳入城镇发展的整体规划，有效配置资源，做好基础教育、医疗卫生、居家养老、社区服务等公共设施配套建设和公共服务供给安排。优化调整城镇优质教育资源布局，保障农业转移人口随迁子女的平等教育权利；明确农业转移人口享有与城镇居民均等化的基本医疗卫生服务；乡镇（街道）集中安置的60周岁以上农业转移人口，按标准享有一次性生活费补贴，在集聚区居家养老服务（照料）中心就餐者享有助餐补助。

4. 注重政策配套，促进转出地生态优势保护与农业产业化发展

系统推进制度创新，确保政策衔接配套，切实维护农业转移人口的相关权益。集聚安置方面，制定金融支持、灵活就业人员公积金制度扩面等政策措施；既有权益方面，明确农业转移人口原本享有的农村土地承包权、集体收益分配权等，在户口迁入城镇后依法保持不变，同时落实保障农村集体资产权益的具体措施；转移服务方面，对农业转移人口施行迁出地和迁入地双重管理、双向服务制度，推出线上线下协办服务，推动农民更好更快融入城镇生活。

二、立足和服务于人的现代化，推进山区小县更高水平城乡一体化发展的政策建议

龙游“小县大城　共同富裕”的实践探索，对推进山区小县更高水平的城乡一体化发展，实现县域高质量发展和共同富裕，有效促进人的现代化，具有示范意义和推广价值。

1. 确保安居乐业，巩固转化成效

“安居”和“乐业”这两大问题，是农业转移人口“进城”过程中的关键，是农民真正完成集聚转化、全面融入城市城镇全新生活的根本依托。安居是保障，乐业是关键。一是落实好事关集聚搬迁和住房安置的扶助政策和优惠措施，及时解决搬迁安置中的困难和问题，让大家“稳得住”。二是在确保农业转移人口合法从事原有产业和经营活动基本权益的基础上，分门别类地引导和帮助他们培养新的从业技能，进入新的就业岗位，

以稳定的就业获取从业收入和生活来源，让大家“有事做”。

2. 整合配置资源，优化公共服务

以集中搬迁安置的方式推进农民向县城和城镇的集聚转化，是一种具有集约化特征的新型城镇化的发展行动，尤其需要针对集聚转化家庭的民生需要，整合配置资源和优化公共服务，做到先期谋划、统筹安排、动态跟踪、及时补足。对事关集聚转化家庭及成员面临的户籍管理、资金发放、小区建设、子女教育、医疗卫生、养老保障、困难群体救助等民生事项，予以详细摸底调查，由相关职能部门依法依规整合配置相关资源，分门别类地提供公共产品和公共服务。

3. 完善细化政策，强化制度保障

符合集中搬迁安置条件的农民家庭，依法依规向县城和城镇的集聚转化，是一项特别重要的助推县域高质量发展和实现共同富裕的发展行动，政治性、政策性、业务性强，公正性、规范性、透明性、严肃性要求高，需要相关领导机构或部门以及工作专班会同具体职能部门，在整个工作推进和管理服务过程中，不断细化完善各个领域的政策规定，为之提供可靠的制度保障。

4. 彰显人文关怀，助益人的发展

无论是乡村振兴，还是新型城镇化与城乡融合发展，其核心要素都是人。推动农业人口的转移、集聚和城镇化，目的在于实现广大农民的市民化转变，并且共享城乡发展的各项成果，最终享有和城市与城镇居民同等的权益和权利。要因地制宜，以各种可行方式，为集聚转移的农民家庭施以人文关怀，为他们的成长发展、从业安居、乐享生活、社会融入等，营造良好的环境条件。

产业振兴研究

全面实施资源生产率领跑者制度*

沈满洪**

作为高校党委书记和长期从事生态文明领域研究的学者，我对浙江省第十五次党代会的召开十分期待，希望本次党代会能够更好地擘画未来五年浙江发展的宏伟蓝图，全面实施资源生产率领跑者制度，有效缓解资源稀缺性问题，进一步提升资源生产率。

首先，全面建立资源生产率评价制度。一是自然资源生产率评价。全面评价土地资源生产率、矿产资源生产率、能源生产率、水资源生产率等。二是环境资源生产率评价。全面评价单位废气、单位废水、单位固废的环境容量生产率。三是气候资源生产率评价。全面评价单位碳源生产率、单位碳汇生产率。四是劳动生产率评价。全面评价全员劳动生产率、人才生产率。五是科技生产率评价。全面评价单位研发经费生产率、单位专利生产率等。建立资源生产率评价年度报告制度。既要分区域和园区排名，又要分行业和企业排名。

其次，给予资源生产率领跑者以激励。根据资源生产率评价结果，资源生产率最高的区域就是资源生产率领跑区域，资源生产率最高的园区就是资源生产率领跑园区，资源生产率最高的行业就是资源生产率领跑行业，资源生产率最高的企业就是资源生产率领跑企业。对于资源生产率领跑的区域、园区、行业、企业等，要给予用地指标、用能指标等激励。这样，领跑者才能始终有动力。

最后，实施资源生产率落后者淘汰制度。对于资源生产率处于末位的区域、园区、行业、企业等，要予以足够的约束。处于末位的区域和园区要考虑“腾笼换鸟”，实现“凤凰涅槃”；处于末位的行业和企业要建立淘汰制度。这样，落后者才能始终有压力。

通过对资源生产率领跑者的激励和对落后者的约束，可以形成“比学赶超”的资源生产率竞争氛围。如此循环往复，不断诞生新的领跑者，不断鞭策落后者，就可以实现资源生产率大提升的效果。

---

* 本文刊于《浙江日报》2022 年 5 月 13 日第 7 版。

** 作者简介：沈满洪，浙江农林大学党委书记，浙江农林大学浙江省乡村振兴研究院研究员，浙江农林大学生态文明研究院院长、教授。

如何打造生态产业振兴与高质量发展示范高地？*

孔凡斌　徐彩瑶**

2021年6月，浙江省发展和改革委员会发布《浙江省山区26县跨越式高质量发展实施方案（2021—2025年）》，提出要推动山区生态产业高质量发展。景宁县是全国唯一的畲族自治县，是国家级生态示范区，生态资源禀赋十分优越。作为国家生态产品价值实现的重要示范地，打造景宁生态产业振兴与高质量发展示范高地，对于推进"绿水青山"向"金山银山"转化及高质量发展建设山区共同富裕示范县的实践探索，具有典型示范意义。景宁生态产业高质量发展具备良好的基础，面临重大历史机遇与现实挑战，亟待寻求破解之策。本文在分析景宁生态产业高质量发展优势条件的基础之上，提出努力打造景宁生态产业振兴与高质量发展示范高地的对策建议。

一、生态产业振兴与高质量发展具备良好的资源禀赋优势

1. 优越的生态资源

森林资源丰富。全县拥有林业用地242.4万亩，农民人均林业用地16.3亩，拥有81.09%的森林覆盖率，1 086.4万立方米林木蓄积量，全县森林健康等级达到健康的面积比例为99.92%，达到健康等级的森林面积居于优势地位。森林生态产业发展条件优越。

水体质量高，水能蕴藏量大。县域Ⅰ、Ⅱ类水体占比达100%，作为全国首个"中国农村水电之乡"，全县水能蕴藏量达66.62万千瓦，年电能达18亿千瓦时，占全省水力资源可开发量的1/10。水资源产业经济发展基础好。

空气质量优良。空气环境质量优良率100%，空气综合指标多年位居全国及全省前列。康养产业发展条件优越。

生物多样性丰富。景宁有国家重点保护植物53种，其中国家一级保护植物9种；国家重点保护动物47种，其中国家一级保护动物13种，保存着全球最大的天台鹅耳枥野生

---

* 本文刊于"之江策"2022年9月19日。

** 作者简介：孔凡斌，浙江农林大学浙江省乡村振兴研究院首席专家、教授；徐彩瑶，浙江农林大学浙江省乡村振兴研究院研究人员。

植株种群，首次发现并发表的植物新种 8 种，包括 4 种以“景宁”命名的植物。生物资源开发利用及产业发展潜力大。

耕地土质条件优越。全县土壤种类有红壤、黄壤、潮土、水稻土 4 个土类，10 个亚类，27 个土属，52 个土种，土壤结构好，产业利用价值高。

矿产资源丰富。县域内已发现或探明的矿种有：铁、锰、铅、锌、铜、钼、钨、金、银、叶蜡石、萤石、硫铁、高岭土、石英、紫砂、大理石、花岗岩等 20 余种，产地 100 多处。其中钼矿的储藏量占全省首位。矿产资源经济发展基础雄厚。

湿地资源丰富。全县境内有三个较为集中的高山湿地群，望东洋高山湿地、大仰湖湿地、仰天湖湿地，面积约 1 200 多亩。最为突出的望东洋高山湿地，海拔 1 230 米，面积达 600 多亩，湿地内的江南桤木林属省内罕见，绝无仅有，国内也属凤毛麟角。生态旅游产业发展潜力大。

2. 独特的畲族文化

景宁是浙江畲族的发祥地，畲族民歌、畲族三月三、畲族婚俗被列入国家非物质文化遗产，《千年山哈》《畲娘》等畲族体裁剧多次斩获大奖，“中国畲乡三月三”被评为“最具特色民族节庆”。丰富的资源是景宁的一张亮丽金名片，是生态与文化旅游产业高质量发展的优势和潜力所在。

3. 向好的生态产业发展态势

生态工业发展活力增强，发展质量逐步提高。推动竹木制品加工业“两区一带”发展。“两区”即城北 110 工业区块和澄照农民创业园，“一带”即在景宁竹木资源丰富的东坑、景南一带规划布点，大力拓宽了发展空间，实现节约集约用地，助推工业经济高质量发展。幼教木玩产业链入选开发区“链长制”试点，培育了上市企业 23 家，青风环境、宏强竹制品入选“浙江制造”。

“景宁 600”区域品牌初步形成，生态农业产业发展成效显现。通过打造“景宁 600”区域公共品牌为突破口，进行农业供给侧结构性改革，开发出包含高山蔬菜、景宁惠明茶、深山野蜜、月子大米等系列“景宁 600”农产品 80 余款。创新推出“冷水雪茭”品牌，通过“电商＋农场＋农户”的销售理念，建立了茭白产业农民合作经济组织联合会，与海宁市对接落实连锁商超和专柜，与浙江景岭农产品有限公司、景宁 600 生态精品农产品营销联盟签订合作协议，稳步促进农业增效农民增收。2020 年“景宁 600”品牌销售额达 18.62 亿元，通过农业公共品牌，撬动了乡村振兴。

服务业产业体系基本形成，生态服务业发展效益稳步向好。基本形成了风情旅游、畲族文化、养生养老三大服务业产业体系。其中生态旅游业是支柱性产业，自 2017 年以来，景宁成功签约港中旅国际旅行社有限公司，助力打造景宁“全旅通”，签约了畲乡天池景区、包山铁矿“悬崖上的天空之城”、李宝“洞宫畲王寨”、千峡畲寨景区、畲药养生度假村、余山“香泉谷度假村”等一批总投资 20 亿元的乡村旅游项目，旅游业总收入从 2017 年的 54.07 亿元，增长到 2020 年的 67.46 亿元。同时，培育了电商企业 869 家，网络销售额达 9.26 亿元，首个城市商业综合体建立，服务业增加值突破 50 亿元。

4. 持续改善的基础设施条件

交通状况进一步改善，助力经济快速发展。2020 年完成货物周转量 37 401 万吨千米，增长率达 18%。邮政和电信业稳步发展。全年完成邮政行业业务收入 1 908 万元。电信业务收入 9 964 万元，同比增长 6.8%。建成区绿化覆盖面积 192.05 公顷，公园绿地面积 92.64 公顷。省级自然保护区 2 个，面积 3 326 公顷。2020 年水利工程建设计划投资 3.82 亿元，同比增长 29.5%，实际完成投资 4.1 亿元，同比增长 32.26%。草鱼塘森林康养基地已于 2019 年 11 月被中国林学会授予“国际森林疗养示范基地”，为森林康养产业发展提供了重要平台。持续改善的基础设施条件支撑产业发展能力不断增强。

5. 面临的重大历史机遇

《中共中央国务院关于支持浙江高质量发展建设共同富裕示范区的意见》的出台和实施，为景宁县主动谋划和积极参与高质量发展高品质生活先行区、城乡区域协调发展引领区、收入分配制度改革试验区、文明和谐美丽家园展示区建设，率先探索建成山区共同富裕示范县，实现生态产业高质量发展提供了重大战略机遇。随着《浙江省山区 26 县跨越式高质量发展实施方案（2021—2025 年）》的全面深入实施，国土空间规划，优化重大生产力、重大基础设施和公共资源布局，促进人口集聚、产业协同、要素流动等一系列重大政策措施陆续落地，景宁县作为重要的山区县和加快实现高质量发展类的重点县，加快推进生态产业高质量发展迎来了重大政策利好。重大交通项目落地极大地改善了区位条件。2019 年温武吉重大交通项目落地景宁，极大地改善了交通条件，提升了区位优势度，为生态产业尤其是生态旅游产业高质量发展带来了重大机遇。

二、推动打造景宁生态产业振兴与高质量发展示范高地的对策建议

1. 抢抓重大发展机遇，高质量构建县域生态产业体系

要紧紧抓住浙江省推动山区 26 县高质量发展和建设全国共同富裕示范区的重大战略机遇，立足建设景宁生态产业振兴与高质量发展示范高地的目标，用好“全国唯一的畲族自治县”“国家级生态示范区”和“国家森林养生重点建设基地”等国字号金名片，打好“民族”和“生态”两张大牌，立足生态资源优势，加快构建生态农业产业体系、生态工业产业体系和生态服务业产业体系。

一是构建基于地理区域与资源禀赋的生态产业体系。要加快构建山地高效生态产业体系。以培育全县海拔 600 米以上的高山生态精品农产品为特色的“景宁 600”生态产业体系。实施农产品提质扩量等行动，着力培育“名、特、优、新”优质生态精品农产品，不断丰富农产品体系。加快构建以培植森林资源为主的营林业生态产业体系。实施营造

阔叶林开展工程、珍贵木材（树种）培育工程、特色经济林基地等重点林业工程，带动区域内森林资源高质量增长与高效综合利用产业一体化协调发展。要建设以惠明茶为主的山地茶叶种植、采集、加工一体化产业基地。推进以鹤溪、红星、澄照为核心的惠明茶示范区及惠明茶加工集聚区建设，打造千峡湖沿岸早茶区、东坑白茶区等惠明茶产业带以及茶园生态有机化改造项目。稳步发展以森林公园和自然保护区为载体的山区生态旅游、休闲与康养服务产业。以项目带动山区生态旅游和康养产业的发展，在提升现有生态旅游项目水平的基础上，重点推动森林康养基地、风景区整体开发项目、国家森林公园开发项目等。加快建设以发展地方特色中药材种植业为主的中药材种植基地。重点建设多花黄精、覆盆子、金银花产业示范区。系统开发畲旅文化、药食同源文化等，提升畲药文化价值体系建设。加快构建水资源生态产业体系。依托优质水资源，打造以水产养殖、风景旅游和水生态文化产品产业为重点的生物生态产业园。依托优质水资源，创建高山生态精品农业基地，探索“稻田种养”“茭鱼共生、茭鳅共生”等互利共生模式，发展综合型水渔产业。基于得天独厚的生态资源禀赋，加大对水域沿岸景观保护与开发利用，深耕“水旅”文化资源。

二是加快构建基于经济区域的生态产业体系。加快构建中心城市生态产业体系。以外舍新城、鹤溪老城和澄照副城为核心，辐射带动大均、梅岐等周边片区，重点挖掘畲族传统文化，打造具有畲族传统文化鲜明的休闲娱乐和特色餐饮业为主导的生态服务产业体系。加快构建乡镇所在地生态产业体系。以乡镇所在地为依托，重点发展“景宁600”生态农业和高山康养休闲旅游为主的生态服务产业体系。加快重构景宁传统产业生态体系。改造升级区域内竹木加工和农副产品加工企业，通过降耗提效，大力调整不合理的传统产业结构，全面优化布局，并与新构建的生态产业体系形成网络互补和相互支撑。

2. 牢牢把握生态产业振兴与高质量发展的着力点

一是大力发展生态工业。以现有工业园区为依托，进行优化组合。加快工业园区生态化建设，加大园区基础设施改造，重点加大对景宁民族创业园、王金洋复合产业区和110千伏变电所区块、丽景民族工业园（飞地）、东坑工业区块（谋划区块）的资金、技术投入，加快提升平台能级，合理布局产业链、创新链，推动生产要素向平台集聚，打造产业集群，着力招引一批产业链配套企业，推进建链、补链、延链、强链，优化产业布局。

二是积极发展生态农业。高水平打造“景宁600”区域公共品牌，着力培育“名、特、优、新”优质生态精品农产品。深入开展“景宁600”包装统一和产品分级工作，推出惠明茶等产品公版包装，建立起统一的产品标准和品牌品质体系。积极推广茶园养羊、稻田养鱼、茭田养鸭、林下种药等生态共生循环模式，不断提升“景宁600”农产品生态附加值。

三是稳步发展生态旅游业。围绕“古老风情的奇妙体验”全域旅游发展定位，深度挖掘民族文化和生态特色，坚持旅游开发与生态环境建设、历史文化遗产保护同步规划、同步实施，把生态观念和生态文化融入旅游的各个环节。建设若干主题型生态旅游度假区，使生态旅游成为景宁县的重要品牌，带动旅游业整体水平的提高。

四是加快发展现代服务业。打造以东方广场商业综合体、畲乡古城为核心的县城“双核”智慧商圈，加快重点商业（美食）街区、社区商业网点提档升级。谋划建设县级电商创业园，完善电子商务公共服务平台功能，优化县乡村三级快递物流体系，推动电子商务与一二三产业融合发展。探索创新绿色金融综合服务平台，依托丽水市创建国家级金融支持乡村振兴改革试验区，推动银行和其他金融机构开发绿色金融、农村金融等特色金融产品，开展特色金融服务。支持排污权、碳排放权、涵养水源、生物多样性等“生态权”进行市场交易，逐步建立市场化自然资源资产产权交易体系，畅通“资源一资产一资本一资金”转化渠道，为低碳环保、生态旅游、食品加工、竹木加工等产业或项目提供信贷服务。

3. 加大政策支持，完善政策体系，助力生态产业振兴与高质量发展

一是加大财税金融政策支持力度。加大对景宁县政府各类投资和产业投资基金支持力度，发挥好政策资金的引导作用，支持和鼓励企业加快生态化改造，对生态供应链、生态园区、生态工厂、生态产品和生态设计示范企业给予更加有力的奖励补助。加强政策性银行对景宁县生态产业公共基础设施项目支持力度，国家开发银行“共同富裕”融资专项资金中重点支持景宁县生态产业基础设施建设；支持景宁县特色生态产业对接世界银行、亚洲基础设施投资银行等金融机构，助力境外低成本融资。有效发挥政府性融资担保机构的作用，为景宁县符合条件的企业提供融资担保服务；加强“政企银”合作，推动建立跨领域、市场化绿色金融标准体系，充分利用金融杠杆提升“生态贷”等绿色金融潜力，促进“绿色青山”到“金山银山”的价值转换。

二是完善土地保护利用政策，缓解生态产业发展用地紧张“瓶颈”。支持景宁县通过乡村全域土地综合整治与生态修复工程、城乡建设用地增减挂钩项目产生的城乡建设用地增减挂钩节余指标，加大生态产业建设用地保障力度。支持景宁县探索建立“市场化推动山区建设”新模式。盘活山区土地、山林、房屋等资源要素，实行股份化、市场化、实体化运作。支持探索实施农村集体经营性建设用地入市制度，有效盘活利用山区闲置宅基地和农房，建立“土地银行”。改进耕地占补平衡管理办法。落实新增耕地指标、城乡建设用地增减挂钩节余指标调剂机制，重点支持景宁县生态产业发展用地需求。

三是加大科技创新政策支持。支持和鼓励浙江省内相关高校和科研机构以及企业围绕生态产业发展，加强生态产业共性技术、原创技术研究和在景宁县的集成应用与成果转化。支持和引导科技资源向景宁县企业聚集，组建景宁县生态产业技术创新战略联盟，建立以企业为主体、市场为导向、产学研深度融合的技术创新体系。

四是完善生态保护补偿政策。要进一步加大财政转移支付政策的支持力度，缓解财政紧张。要加快完善景宁县转移支付制度，动态调整分类分档体系，提高转移支付分配

的精准度，进一步加大对重点生态功能区的倾斜支持力度。要整合各类相关资金设立“飞地”专项资金，重点支持“飞地”和特色生态产业平台高质量建设与发展，通过异地发展工业，使景宁得到相应的生态补偿，实现生态环境保护和经济发展“双赢”的效果，如在丽水经济开发区内设定4平方千米的丽景民族工业园，作为景宁县经济建设的“飞地”。要加大中央和省市预算内资金对景宁县基础设施建设的支持力度，特别是景宁县绿道建设的扶持力度，对绿道建设中涉及的公路项目，按照公路等级予以重点支持。省级补助重点生态功能区向景宁县倾斜。要进一步完善景宁县内自然保护区的财政补助政策和生物多样性保护专项资金项目管理，推动湿地群保护区的保护和修复。要进一步完善生态保护补偿制度，提高补偿标准。支持景宁县开展森林资源生态服务价值和差别化补偿政策试点示范，提高补偿效率，完善补偿方式，提高补偿效率。支持在景宁县开展流域横向生态补偿试点，探索建立基于水量和水质的横向生态补偿机制。要完善农业补贴制度。大力支持景宁县依托本地资源优势发展农产品加工业，鼓励发展“公司＋农户”与“基地＋农户”等多种形式的山地农林业适度规模经营。支持建立健全景宁农业信贷担保体系，给予政策倾斜。加大对景宁县耕地轮作休耕的补贴力度。要建立饮用水源生态补偿机制。支持景宁县尽快出台和加快实施《关于建立龙潭桥水库县城饮用水水源地生态保护补偿机制》，特别设立县城饮用水源地生态保护补偿专项资金，省市财政给予补贴。

五是创新人才引进政策。支持景宁县设立省级博士后工作站，博士后出站后到景宁县民营企业工作的，财政给予补助。支持推荐符合条件的“飞地”人才申报省级有关人才计划。加大新兴产业人才扶持支持，鼓励支持短视频、电子竞技、动漫制作等新兴业态发展，对精英人才和团队核心骨干人才，享受购房补贴、畲乡人才津贴等政策。大力实施“鸿雁归巢计划”，鼓励引导景宁籍全日制大学毕业生回村参选村干部。支持建设人才积聚平台，鼓励支持丽景园、澄照创业园、城北工业区块等创建省级特色产业工程师协同中心、省级产业创新服务综合体，并向幼教木玩、智能电器、“景宁600”等产业倾斜，在人才项目、人才经费上给予优先保障。

六是建立健全保障体系。要加快建立现代化治理体系，加强数字政府建设；建立生态产业振兴和高质量发展规划体系；健全国土空间规划体系，形成国土空间规划“一张图”，为制定实施生态产业振兴与高质量发展专项规划等重大战略任务落地提供空间保障。要完善工作机制，改善营商环境。降低特色生态产业重大产业项目准入门槛，符合条件的项目可提前预支新增建设用地计划指标。

高质量发展乡村民宿推动县域共同富裕的对策建议

——基于衢州市6区（县）的调研分析*

郅玉玲　陈步云　李一　等**

为发展民宿业，有效盘活农村闲置资源，推动共同富裕，浙江省哲学社会科学规划课题“社科赋能山区26县高质量发展行动”专项课题预立项项目“浙西南山区乡村民宿高质量发展促进县域共同富裕对策建议：基于衢州6区（县）的调研分析”，在调研基础上，分析浙西南山区民宿发展中存在的主要问题，提出针对性对策建议。

一、民宿业的基本情况

“十三五”期间，民宿业快速发展。据浙江省文旅厅数据，截至2021年2月，衢州市有银宿以上等级民宿（以下简称“银宿＋”）60家，占全省8.7%。其中30家“银宿＋”业主为女性，占衢州市“银宿＋”50%。2022年上半年，课题组对衢州市“银宿＋”进行实地调研，发现如下特点：

1. 整体发展态势良好

民宿业发展可分为三个阶段。第一阶段：2017年前为缓慢增长期，调研的8家“银宿＋”（3家女性业主）创办于此阶段。衢州第一家“银宿＋”创办于2014年；女性创办最早的衢州“银宿＋”是江山和睦大院民宿和开化官塘农庄民宿，均在2015年开业。第二阶段：2017—2019年为快速发展期，调研的42家“银宿＋”（19家女性业主）创办于此阶段。第三阶段：2020年以来步入疫情危机期，民宿业受影响较严重，但仍有14家“银宿＋”（8家女性业主）开业。

2. 民宿风格功能多样化

浙西南山区民宿主要为乡村民宿，特色各异。以建筑风格为特色的，如江山烟霞民

---

* 本文获得浙江省领导批示。

** 作者简介：郅玉玲，浙江农林大学浙江省乡村振兴研究院教授、浙江省妇女研究会副会长；陈步云，浙江省妇女干部学校党委书记、校长，浙江省妇女研究会执行副会长；李一，国务院政府特殊津贴专家、浙江省委党校哲学教研部主任。

宿；以独特位置为特色的，如常山溪上村舍民宿；以当地农产品为特色的，如衢江忆宿隐柿民宿。这些民宿都是女性创办。从功能看，有纯粹住宿型民宿；有“民宿＋”形式，即在满足住宿同时，提供餐饮、休闲娱乐等。

3. 民宿投入成本较高

60 家“银宿＋”前期投入合计 3.57 亿元，户均 595.1 万元；女性为业主的 30 家“银宿＋”前期投入合计 1.05 亿元，户均 350 万元。18 家（10 家女性业主）前期投入 500 万元以上；其中 8 家（7 家女性业主）前期投入超过 1 000 万元。2021 年，受疫情管控等因素影响，仍有 10 家（5 家女性业主）继续投入成本超过 50 万元。

4. 民宿接待能力较好

从接待量来看，淡季和旺季平均入住率分别约为 35％和 82％。2021 年接待游客 35.9 万人，年户均接待游客 6 086 人。业主为女性的 30 家“银宿＋”，淡季和旺季平均入住率分别约为 23％和 80％；2021 年接待游客 21.2 万人，年户均接待游客 7 067 人。

5. 行业发展数字化

在浙江省数字经济发展红利下，民宿业进入数字化发展新时代。调查的“银宿＋”全部进行线上宣传推广。疫情以来，利用大数据进行数字治理、做好数字化疫情防控的“网约房”模式推广，经营者无接触管理、消费者在线支付、在线办理入住。

二、民宿业发展的社会经济效益

民宿业发展打通了“绿水青山”向“金山银山”转化的渠道，民宿经济成为推动县域共同富裕、实现生态产品价值的有效手段。

1. 经济效益好

2021 年 60 家“银宿＋”合计营业额 3 141.2 万元，户均营收 52.4 万元。其中，30 家年营业额 10 万～50 万元，15 家 50 万～100 万元，4 家 100 万元以上；户均年运营成本 27.5 万元，户均利润约 24.9 万元。女性为业主的 30 家“银宿＋”合计营业额 1 588 万元，户均营收 52.9 万元。其中，18 家年营业额 10 万～50 万元，8 家 50 万～100 万元，2 家 100 万元以上；户均年运营成本 30.8 万元，户均利润约 22.1 万元。

2. 产业带动强

96.7％的“银宿＋”业主表示乡村民宿能带动当地农产品销售、农家小店铺生意和农民就业。

3. 增收致富快

据测算，每增加一家民宿可增加 3.49 个农村就业岗位，每增加 1 个客房、每增加 1 个民宿工作人员可分别为农户增收 3.26 万元/年、6.36 万元/年。一家民宿为农户带来年均收入为 47.22 万元，中位数为 30 万元，最高年收入为 180 万元。

三、民宿业发展面临的主要困境

1. 配套设施建设落后

民宿发展早期没有形成统一的行业标准和国家标准，致使行政主管部门缺乏合理引导和统一规划，民宿配套设施不能适应发展需求。一是交通不便。60 家“银宿＋”（30 家女性业主）中，22 家（11 家女性业主）反映交通不方便。二是公共设施建设相对不足，停车、排污、公共文化景观等建设较为滞后。三是存在一定程度违规扩建。有的民宿为改善民宿周边环境自筹经费做道路修缮、山体加固等工程；有的民宿因场地有限，私自违章扩建。

2. 管理人员素质有待提升，经营人员保障不够

一是专业管理人才缺乏。衢州民宿的经营模式均为自营，没有聘请职业管理团队，员工一般只接受过政府组织的零散业务培训（占 24.3％）。二是经营人员社会保障不够。受民宿经营季节性因素影响，人员流动性大，缺乏必要的社会保障。民宿员工主要来源于业主的亲属及周边乡民。调查发现，仅有 12 家（8 家女性业主）为员工缴纳社保。

3. 民宿营销力度不足

个体民宿宣传推广成本高、积极性低等因素导致民宿营销力度不足。民宿业主以民宿为主要收入来源的比例为 31.7％，其中女性业主以民宿为主要收入来源的比例仅为 20％。民宿业主将民宿作为一项投资而非主要收入来源，这意味着当民宿项目发展受影响时，可能会重新考虑投资方向。

四、主要对策建议

1. 加强规划引导

一是加强民宿规模化、规范化、标准化引导。结合当地环境、文化特色，因地制宜制定完善民宿发展规划，推动民宿资源的有机整合。二是从发展规划、市场准入、安全管理等方面，结合衢州有礼诗画风光带建设，推进民宿业高质量发展。三是完善民宿发展统计。建立民宿基础数据库，定期收集民宿游客接待等相关财务数据，及时更新用好数据库。四是做好民宿升规入库。对满足入库条件的民宿单位，积极对接协调“个转企”

“下转上”等升规入库工作，做到应统尽统。

2. 完善设施配套

一是完善相应特色需求的民宿配套设施建设。对部分偏僻山区，考虑加大路网建设，完善供水、排污、停车、网络通信等基础设施建设。二是保障民宿等乡村产业的用地。在乡级国土空间规划上建议安排一定建设用地指标，重点保障民宿等乡村产业发展用地；在制度范围内，允许乡镇和村庄根据各地发展阶段与计划，对村庄现有建设用地布局进行调整优化，解决停车、消防等配套设施用地不足问题。三是充分发挥民宿对乡风文化提升的牵引作用。深入推进乡镇及农村环境综合整治，加大对传统村落风土人情、文化内核的保护，发掘拓展民宿周边历史、文化景观。四是对民宿投资的方向性、针对性进行引导。采用减税、补贴、融资优惠等经济手段对民宿发展进行正向激励。同时做好事前引导，避免“一拥而上”，避免同质竞争、重复投资。

3. 加大营销和创新力度

一是注重宣传营销。各级文旅部门将民宿宣传纳入当地旅游宣传规划，通过运用新媒体，讲述民宿故事、“最美民宿女主人”创业故事，展示入住体验，以客群营销等方式，传播民宿中所蕴含的文化精髓和时代价值，扩大社会影响力。二是注重品牌建设。强化精品民宿品牌意识，实行整体包装推介。积极推行区域品牌运营模式，统一规划、统一宣传、统一推介，打造具有本地特色的民宿品牌。三是注重内涵拓展。延伸民宿应用场景，探索“民宿＋”文创、“民宿＋”康养、“民宿＋”主题产品，使民宿从传统“农家乐”模式向休闲体验转变，形成差异化、多业态的现代乡村民宿。四是扩大民宿的影响力。将符合要求的民宿纳入医疗休养基地、科普基地、大中小学学农劳动实践基地范围。

4. 注重从民宿业管理人员中发掘培育新型乡村振兴主体

一是培养专业管理和服务人才。对民宿管理和服务人员进行民宿管理、服务技能、社交技巧、农产品销售、网络营销等专业培训，组织民宿从业者组团“走出去”，学习先进管理服务经验。二是规范行业管理标准。充分发挥民宿专家、行业协会作用，组织民宿业主对行业协会的管理规章制度进行讨论，对服务标准、服务收费等进行统一规范化管理。三是加强民宿人才培育引进。将白金宿、金宿民宿业主纳入乡村振兴人才培育计划。与浙江农林大学等涉农高校加强合作，建立民宿人才联合培养机制，完善民宿管理人才培养体系，建设校地合作实践基地。吸引大学生进入民宿行业创业、就业。邀请教师、作家、艺术家等在民宿设立工作室。

5. 推动星级饭店与民宿结对合作、融合发展

一是通过星级酒店和精品民宿结对的方式，定期组织酒店对民宿员工进行标准化服

务流程等方面的培训。二是鼓励有条件的星级饭店代理经营闲置民房和民宿、盘活民宿资源。三是探索通过业务管理系统共享、财务独立核算的方式，把合作经营的民宿营业额整合到限上星级酒店营业报表内等方式，使民宿发展成果更多反映到当地经济发展统计当中。

浙江山区县发展数据存储中心的必要性、可行性和对策建议*

姜少平　张永亮　周淑赟　等**

一、浙江省山区县设立数据存储中心的必要性

数据一般以某种格式记录在计算机内部或外部存储介质上，存储介质连接在服务器中沟通着网络，存放服务器的地方被称为机房，数据中心可以看作超大型的机房。数据中心建设是提高数据读取效率、整合共享信息资源的关键环节。在浙江省山区县设立数据存储中心的必要性在于：

首先，数据存储中心建设符合国家算力网络基础设施建设的整体规划。2022年2月，国家发展和改革委员会等部门正式批复同意在长三角地区启动建设全国一体化算力网络国家枢纽节点，要求设立长三角生态绿色一体化发展示范区数据中心集群，以承接长三角中心城市实时性算力需求。基于此，在浙江山区县设立绿色算力基础设施符合国家战略需要，可谓恰逢其时。

其次，数据存储中心建设是浙江省绿色算力基础设施建设的突破重点。以5G、人工智能、数据中心、工业互联网等为代表的新基建是数字经济的发展基石，海量数据不断产生，数据存储将成为重要的基础性环节；建设单体数据中心，提升算力算效水平，在此基础上部署高性能、智能算力，才能支撑地方产业数字化转型，加速企业深度上云用云，完善政务民生能力，推动浙江省公共算力资源供给和应用。

最后，数据存储中心建设是山区县经济实现跨越式发展的有力方案。产业发展形成一定梯度差时，优势互补的条件更成熟，山区县对外合作时将更能发挥其自然禀赋。在共同富裕的背景下，推动山区26县明确主导产业或支柱产业、开展“一县一业”培育已经成为发展共识。数据存储中心建设可以在满足东部县（市）数据存储安全和存储效率等要求的基础上，帮助以遂昌为代表的山区县充分调动自己的资源优势、生态优势、产业优势、比较优势。山海协作不应是单向救助，而是充分调动双方资源优势，实现珠联

* 本文获得遂昌县委相关领导批示。

** 作者简介：姜少平，浙江农林大学文法学院讲师、法学博士；张永亮，浙江农林大学浙江省乡村振兴研究院教授，浙江省法学会山区经济法治研究会会长；周淑赟，遂昌县委宣传部社科联主席。

璧合的产业共赢。

二、浙江省山区县设立数据存储中心的可行性

浙江山区发展数据存储中心具有天时、地利、人和的独特优势。本报告以遂昌金矿为分析样本，对浙江省山区县建设数据中心进行可行性论证。

首先，气候优势。第一，山区稳定低温的优势。浙江属于亚热带季风气候，年气温适中，气候资源配置多样；庞大的数据中心会产生非常高的热量，高效散热是设备正常运转的前提。以遂昌金矿矿区为代表的浙江山区地形中，温度相对低且平稳，其中遂昌金矿矿洞井下常年恒温，温度保持在 18～20℃之间，具有散热的天然优势。对于控温设备而言，稳定的低温意味着电力耗费的减少，数据中心建在山区可以利用自然气候条件降温，极大地降低了降温成本。第二，山区清洁空气的优势。相较省内沿海城市，浙江山区 26 县的经济发展相对欠发达，重化工业分布较少，环境污染轻微，空气清洁。大数据存储需要洁净空气，可以省去诸多空气过滤的成本，可在此基础上再修建大型风动，充分利用风冷对服务器进行降温。

其次，地理优势。第一，地震灾害发生频度极低。我国位于环太平洋地震带与欧亚地震带之间，地震断裂带十分活跃，而浙江恰好避开了世界两大地震带，新中国成立以来，浙江是唯一没有发生过强震的省份。这为数据中心提供了一个稳定建设和运营的场所，避免发生因地震灾害导致的服务器瘫痪甚至数据丢失。第二，地质状态稳定。广布浙江山区的石英岩硬度高，吸水度较低，同时具有极好的耐高温性，这种建筑材料优质的防水耐火特性非常适合数据中心的建设。第三，遂昌金矿具备良好空间和设备条件。以 500 盲竖井绞车房为例，该区域东侧与杨梅岗硐口相通，设有主扇抽出式通风。上与 540、610 平硐相通，盲竖井与 460、420 平硐相通，距绞车房约 25 米处设有 32 线变电所，与 4 线变电所电缆连接，有 10 千伏 3×35 平方毫米阻燃电缆配电柜等设施。该中心点往南约30～50 米一带多为采空区，面积 800～1 800 平方米不等，下与 460 平硐中段相通，往上局部与540 平硐中段相通，局部设有人工点柱或顶板。以此为基础，可以利用原开采巷道进行刷帮、支护后扩大空间，施工简单且安全性好，修建成本相对较低；或者可以利用采空区进行机房建设，空间大，通风好，电线电缆入场方便。

最后，实践优势。第一，政策指引，地方规划配套。2022 年 3 月，浙江配套国家战略，发布了《浙江省数字经济发展白皮书（2022 年）》，提出将加快推进高效绿色算力基础设施建设，合力推动国家算力枢纽长三角节点建设，探索开展“东数西算”协同创新应用及服务平台建设等。可见，浙江将全力加快算力基础设施建设，积极优化数据中心布局。第二，经济加持，互联网经济聚众。浙江省是互联网经济大省，推动数据中心从存储型向计算型升级是其数字化发展的内在动力。浙江省鼓励龙头企业加快安全技术和产品研发，建设数据中心安全体系，以数据中心建设为契机，招引一批具有较强数字经济产业链带动能力的龙头企业，扶持一批数据中心电源设备、空调设备、液冷领域制造

企业，培育一批本地数据中心和云服务提供商、安全防护提供商、信息系统集成商。在共同富裕、山海协作的时代背景下，应充分打开山区 26 县进行大数据存储建设的可能性，服务全省数据需求。第三，生态先行，山区环保经验充分。山区具有丰富的生态保护经验和安全隐患处理经验，例如遂昌金矿擅长处理历经千年开采所遗留的生态环境与地质安全隐患问题，实现了含氰污水和铅锌选矿废水零排放；矿区绿化率达 99%，空气负氧离子全年平均含量高达每立方厘米 1 万余个，符合数据中心建设对清洁绿化环境的要求。

三、浙江省山区县设立数据存储中心的对策建议

首先，参考兄弟省份经验，加大政策扶持。例如，为招引大数据云计算中心企业入驻，赣州市发展和改革委员会牵头起草，以市政府办公室名义，对在赣州市范围内注册、纳税，达到一定规模，且数据机房设置在市大数据产业园（蓉江新区）的市场化运营数据中心法人企业进行电价补贴，补贴标准按照 0.30 元/度的优惠电价执行，超出部分由市财政进行补贴。目前遂昌金矿电价实行市场化波动，约 1.00 元/（千瓦·时），应在电价方面做出政策倾斜，降低电力成本。

其次，对比域外行业经验，纵深技术革新。微软把数据中心放到海底，Facebook 将数据中心靠近北极圈，各大互联网巨头都在设法利用自然条件降低数据中心的能耗。在后发优势理论之下，浙江省山区市（县）应该大力竞标相关软硬件厂商，选择使用先进降能技术设施，推动老旧数据中心实施系统节能改造，形成建设布局合理、技术先进、绿色低碳、算力规模与数字经济增长相适应的新型数据中心；到 2025 年，新建大型、超大型数据中心电能利用效率 PUE（Power Usage Effectiveness，能源使用效率）值应优于 1.3，改进数据存储、调用、计算的管理，提高数据运作的效能。

最后，对标全球减碳行动，开放发展思路。数据中心的可持续发展，是未来数字社会可持续发展的基础条件。联合国 SDG 可持续发展目标和经济发展 ESG 导向等绿色指标对数据中心带来的改变，影响到数据中心设计、建设的方方面面，要在后发优势基础上先人一步，在发展过程中提前就减碳节能做出预案。例如以碳测算来说，数据中心碳排放数据的测量相当复杂，计算以虚拟机和容器的方式进行组织，各种业务以混杂的方式部署在不同硬件系统上，且在不停移动；要实现对不同业务碳排放的测量，就需要对虚拟机和容器级别的功耗都进行测算，同时程序员在开发软件之初，就应对采集应用功耗的情况进行考量。

综上，以遂昌县为代表的浙江山区 26 县发展数据存储中心、建设绿色算力基础设施不仅必要，而且可行，极具可操作性。浙江省应把数据存储中心建设置于推动山区 26 县高质量跨越式发展的重要位置，使大数据更好地引领山区社会经济发展、服务广大民生、提升政府治理能力。

培育和发展生态旅游产品，打造“诗画浙江”国际生态旅游目的地的对策建议*

李健　林洲羽　钱志权**

生态旅游是践行“两山”理念和实现生态价值转化的重要途径，其核心目标之一是生态旅游产品的开发。浙江省生态旅游产品开发无法满足日益增长的环境教育、休闲游憩、品质体验、国际交流的需求。为助力打造“诗画浙江”国际生态旅游目的地，课题组在分析了全省生态旅游产品短板的基础上，从生态旅游产品开发的意识培育、产品创新、品牌宣传、服务保障四个方面提出了加强生态旅游产品开发的对策建议。

一、浙江省生态旅游产品开发存在的不足

1. 生态旅游产品开发主体环保意识薄弱

受利益驱使，部分生态旅游产品的开发主体将“真山真水真空气”当作快餐来销售，违背了生态旅游产品开发“唤醒民众环境教育”的初衷。桃花岛风景区、金华双龙风景区等由于超载的旅游活动出现动植物种群结构改变，永嘉楠溪江景区因旅游设施过度建设引发泥石流等自然灾害；千岛湖景区“索道上山顶，公路跨山岗”，天台山石梁飞瀑景区因新建800平方米停车场导致水土流失严重。

2. 生态旅游产品同质化、浅层化明显

浙江省生态旅游资源虽位列全国第12位，但游客整体满意度平均分为75.42分，远低于青海的84.80分。得分低的主要原因为生态旅游活动项目、游线、服务、商品趋同，缺乏定制化、精准化中高端产品和服务，游客的旅游体验不高。钱塘江大潮虽被称为“世界三大潮汐”之一，但由于观潮时间呈爆发式特点，热度维系短，附加效益低。西湖虽为世界闻名的生态旅游资源，但缺乏以西湖为核心的延伸生态旅游线路。浙江省也缺少像黄山、泰山等国际影响力的名山资源。虽有养生、养境、养气之效的绿色森林，在

* 本文获得浙江省领导批示。

** 作者简介：李健，浙江农林大学浙江省乡村振兴研究院兼职研究员；林洲羽，浙江农林大学园林学院美丽乡村研究中心研究员；钱志权，浙江农林大学浙江省乡村振兴研究院副教授。

“养眼”层面有待提高。浙江省虽是海洋资源大省，但在海洋生态旅游产品开发方面无法与海南等省份的大海岸、大沙滩直接竞争。

3. 生态旅游产品品牌附加值低

浙江省针对生态旅游产品的吃、住、行、游、购、娱六大要素缺乏深度开发，留在省内“多日游”游客较少，难以形成旅行社、景区、饭店、酒店产业化联动，生态旅游景区经济效益不高，对周边辐射带动作用不明显。全省主要吸引物、生态旅游产品主要面向国内市场，世界遗产游、宗教朝觐游、文化体验游等真正叫得响的国际化产品屈指可数。以疫情前的数据为例，2019 年浙江省接待入境过夜游客 467 万人次，与上海的 735 万人次、福建的 566 万人次相比，浙江省国际生态旅游产品宣传推介力度不足，品牌知名度不高。

4. 生态旅游产品国际化程度低

浙江省现有生态旅游服务能力远远无法满足旺盛的国际旅游需求。杭州萧山机场国际地区通航点是上海浦东国际机场的 1/6。国际生态旅游信息咨询点、旅游体验点、货币兑换点较缺乏，与国际接轨程度还远远不够。大部分生态旅游景区的外文翻译一般仅限于标志性标牌、简单的概述翻译，且不少存在语法错误、拼写错误等问题，国际游客难以理解。生态旅游产品国际化创新性不足，比如适合国际游客探险、休假、体验需求的旅游产品尚不多见。

二、推进浙江省国际生态旅游目的地建设的对策建议

1. 全方位推进，坚持生态旅游产品开发的正确导向

一是严守生态红线。生态旅游产品开发需在保持自然资源完整性、基本生态过程、生物多样化、生命维持系统的正常情况下进行，严守生态红线，防止旅游产品开发对环境带来的负面影响。二是强调教育功能。强化生态旅游产品的教育功能，不仅要满足游客求新求异的审美心理需求，还需增强保护环境、爱护自然等生态教育功能。三是衡量细分市场需求。结合不同旅游者消费偏好细分市场，开发生态观光、休闲度假、生态文化、运动健身、生态科普考察等不同的生态旅游产品，明确产品定位，形成产品的特色与差异性，满足游客自主性强、兴趣多样化、选择个性化等要求。

2. 全产品创新，打造高标准、高端化、品质化的生态旅游产品

一是优化生态旅游产品区域布局。山水为体，文化为魂，举全省之力构建“一品三类五带”生态旅游产品布局，具体而言，围绕“诗画浙江”生态旅游产品核心品牌，整合提升山趣（森林康养、运动健身、温泉度假、森林科考、漂流探险等）、水韵（水上观光、渔俗风情、水上科考、科普教育等）、海味（海滨休闲、海洋运动、海洋科考、海岛

探险等）三类生态旅游产品。集聚资源全力打造浙东唐诗之路、大运河诗路、钱塘江诗路、瓯江山水诗路、海上丝绸诗路等五条生态旅游产业带，提升浙江省生态旅游品牌影响力、产品辐射力、产业带动力。二是开发生态旅游新产品新业态新模式。以“生态＋”“文化＋”“农业＋”等创新开发新型生态旅游产品。根据五大诗路的文脉特征和自然资源禀赋，充分发掘《富春山居图》等宋韵文化为“诗画浙江”国际生态旅游品牌 IP 赋能，分区域差异化打造产品、业态和模式各异的五条生态旅游产业带。浙东唐诗之路重点发展东南佛国、古道体验、水脉研学等旅游产品。大运河诗路重点发展考古文博、江南水乡古镇等旅游产品。钱塘江诗路重点发展西湖印象、观潮体验、水上诗路、生态康养等旅游产品。瓯江山水诗路重点深化生态康养、非遗传承、古村民居等旅游产品。海上丝绸诗路重点发展海洋文旅、海洋科教等旅游产品。三是延长生态旅游产业链条。构建“吃住行游购娱”“商养学闲情奇”梯次消费体系，着力延伸生态旅游消费链条。加快构建省、市、县三级生态旅游龙头企业合作机制，组织旅游行业协会成员单位参加国际生态旅游产品展会，真正将“诗画浙江”纳入国际游客来华“X 日游”销售链中。

3. 全品牌推介，积极打造“诗画浙江”生态旅游产品主打品牌

一是优化浙江生态旅游产品的品牌认证。建立由“诗画浙江”国际生态旅游产品系列地方标准、团体标准、企业标准组成的认证技术标准体系，鼓励将先进适用科技创新成果融入标准，提升“诗画浙江”品牌的标准水平。推进浙江生态旅游产品国际认证联盟发展，按照“企业申请＋第三方评价＋政府监管＋社会认同”的思路展开认证，力争将“诗画浙江”品牌认证打造成为传递浙江绿水青山、市场信任的国内外“通行证”。二是加大推介力度，提升浙江生态旅游产品的品牌国际影响力。响应“一带一路”倡议，加强沿线国家互联互通，培育入境旅游新引擎。争取与国外生态城市建立友好合作关系，设立旅游产品推广站，持续扩大城市朋友圈，拓展生态旅游产品开发的国际合作空间。借助 Facebook、Twitter、You Tube、Pinterest、TikTok 等海外社交媒体为突破口，开设“诗画浙江”国际官方账户，着力吸引国际游客资源。三是强化浙江生态旅游产品的品牌保护力度，推动品牌互认机制。加大浙江生态旅游产品的品牌保护力度，加强部门协同监管，建立完善企业自我保护、政府依法监管和司法维权保障“三位一体”的品牌保护体系。探索建立跨区域联合执法机制，依法严厉打击品牌侵权违法行为。推动浙江生态旅游品牌互认进程，优先建立与皖闽赣共建国家生态旅游协作区品牌互认机制。

4. 全配套保障，优化国际生态旅游产品的基础设施和服务配套

一是建设生态化的生态旅游产品开发载体。按照绿色低碳循环的要求建设生态旅游产品食、宿、行、游、购、娱等旅游活动所需的各种基础设施，提高游客的生态化旅游体验。二是建立国际化的基础配套设施和公共服务体系。开通多语种浙江生态旅游网站，向日韩、东亚和世界全方位地推介浙江省生态旅游产品。设置国际快递点，营造优质的国际生态旅游服务环境。在景区引入专业的主要外语笔译、口译服务。加强对指示牌、

宣传栏等外语翻译检查。三是打造智慧化的国际生态旅游产品应用系统。搭建一个集引流拓客、规划建设、资本渠道、运营销售、品牌推广于一体的国际生态旅游产品信息服务系统，为国内外旅游者提供出行参考以及食、宿、游、娱、购等各方面的信息和咨询服务。运用平台大数据开展国际生态旅游产品的需求特征、趋势、旅游体验等全面调查，为国际生态旅游产品的迭代升级提供科学依据。

关于构建以“数字乡村引领区”为导向的浙江省数字乡村发展评价指标体系的建议*

夏芳　潘伟光**

当前，浙江省正以数字化改革为牵引，撬动经济社会全方位变革，打造全球数字变革的高地。省第十五次党代会明确提出奋力打造数字乡村引领区，数字乡村建设成为全省加快“三农”全方位变革重塑以及农业农村现代化先行、农民农村共同富裕先行的重要抓手。浙江省数字乡村建设一直走在全国前列，根据农业农村部通报，浙江省数字乡村发展水平、先进县数量已连续三年稳居全国首位。为了更好地推动全省数字乡村发展，更好地发挥“数字乡村引领区”引领示范作用，构建符合浙江省发展实际、顺应未来发展方向的科学评价指标体系十分重要。

一、构建浙江省数字乡村发展评价指标体系的重要意义

1. 构建省域数字乡村发展评价指标体系是全国评价体系的必要补充

自 2019 年起农业农村部发起全国县域数字农业农村发展水平年度评价工作，浙江省已连续三年组织全省所有涉农县（市、区）积极参加。但是，为兼顾全国各省份数字乡村发展不平衡的现状，农业农村部发布的全国评价指标体系相对笼统和宽泛，主要包括发展环境、基础支撑、生产信息化、经营信息化、乡村治理信息化和服务信息化 6 项一级指标、14 项二级指标及 20 项三级指标。这些指标项设计未能充分反映浙江省数字乡村发展特点，未能全面监测浙江省数字乡村核心功能。譬如：全国指标项中“发展环境”未包括对数字素养和能力的要求；“基础支撑”仅为单一的“互联网接入”，缺少“数字新基建”这项重要的发展底座；未体现数字乡村成效类指标，与共富目标契合度不高。

2. 构建浙江省数字乡村评价指标体系是打造数字乡村引领区的重要抓手

浙江省目前还没有推出具有浙江特色的数字乡村发展评价体系，尽管全国考核成绩

---

* 本文获得浙江省领导批示。

** 作者简介：夏芳，浙江农林大学浙江省乡村振兴研究院副教授；潘伟光，浙江农林大学浙江省乡村振兴研究院执行院长、教授。

显著，但采用的是全国统一的评价指标体系。全国指标体系不能充分反映浙江新兴实践探索和成效的特殊性，在一定程度上还存在着滞后性，与浙江省数字乡村发展前沿性不相匹配，更未能体现数字乡村引领区建设的更高要求。为客观全面反映浙江省数字乡村发展情况，科学评估全省数字乡村发展程度和建设成效，及时指导地方工作的开展，充分发挥评价指标体系“指挥棒”“风向标”和“晴雨表”作用，创新构建具有浙江省特色的数字乡村发展评价指标体系十分重要。

3. 创新构建浙江省数字乡村评价指标体系是“两个先行”的内在要求

作为数字经济的先行地、全国乡村振兴的样板和共同富裕示范区，浙江省数字乡村发展水平多年持续跑赢全国，数字乡村建设也将迈入全面化、全域化、高效高质发展的新阶段。在持续深化数字化改革的大背景下，省委、省政府对全省数字乡村建设提出了更高要求，通过数字化改革和全国数字乡村引领区建设，践行数字时代的“两个先行”，推进农业农村现代化和农民农村共同富裕。因此，在这个重要时间节点，立足高质量创建乡村振兴示范省和共同富裕示范区目标，创新构建适当超前、并与浙江省乡村生产生活实际相匹配的数字乡村发展评价指标体系，对指引和指导全省数字乡村建设工作具有重要的理论和实践意义。

二、构建以“数字乡村引领区”为导向的数字乡村发展评价指标体系的思路建议

1. 评价指标体系构建的总体思路

以数字乡村引领区的理念指导整个评价指标体系的构建，迭代升级全国数字乡村评价指标体系，既兼容全国指标的一般指导性，又充分彰显浙江在乡村数字化基础设施、数字化产业、数字化治理、数字化服务等建设的前沿性、成效性、区域特色性，并且体现数字乡村建设与农民农村共同富裕的融合性。评价体系构建紧密结合浙江省数字乡村“十四五”规划要求和共同富裕实现目标，从“投入—产出”视角进行指标项选择，形成兼具主观评价和客观量化、符合全省当前乡村实际和未来发展的数字乡村综合评价指标体系，为数字乡村全面建设提供标准评价指引和绩效评估指南。

2. 指标体系构建遵循的基本原则

指标体系构建坚持导向性和系统性相结合、全面性和重点性相结合、前瞻性和可操作性相结合、可获得性和可操作性相结合原则，重点选取代表性较强的指标，客观、科学赋予指标权重，充分反映全省数字乡村发展情况，引导各地树立科学发展观，加快提高数字乡村发展水平，推进农业农村现代化和农民农村共同富裕。

3. 综合评价指标体系框架

数字乡村发展综合评价体系围绕要素指标、能力指标、绩效指标、共富指标等形成评价指标项，采用主客观相结合的集成法来确定各级指标的权重。数字乡村发展综合评价指标体系建议由数字环境、数字基建、数字产业、数字治理、数字服务、数字生活、数字生态 7 个一级量化指标和 1 个数字乡村获得感指标、22 个二级指标项组成，由此反映数字赋能乡村高质量的产业发展、普惠的公共服务、民主的社会治理、丰富的精神生活、可持续的生态环境及成效。

4. 评价指标体系的组织实施应用

（1）评价组织体系。结合数字“三农”专班工作，由省农业农村厅牵头建立数字乡村评价制度，组织开展全省涉农县（市、区）综合评价。各县（市、区）组织开展辖区内镇、村综合评价。省各有关部门要加强协同配合，形成工作合力，实现以评促建。

（2）有序实施评价。建议数字乡村发展综合评价每年开展 1 次，4 月底前报送上年度综合评价指标数据，6 月底前形成年度综合评价报告。

（3）发布评价结果。在一定范围内发布全省涉农县（市、区）数字乡村综合评价报告，全面反映浙江省数字乡村发展时度效。

（4）建立激励机制。建议将年度评价结果与绩效问责机制、专项财政资金补助政策和公共资源投入配置挂钩。

促进传统村落保护利用推动山区跨越式高质量发展的松阳实践及政策建议[*]

鲁可荣　任燕[**]

松阳县是华东地区传统村落数量最多、风格最丰富、保存最完好的县域之一，已有75个村被列入中国传统村落名录，先后被相关部委列为中国传统村落保护发展示范县、试验区。课题组通过调研，系统梳理提炼了松阳县传统村落保护利用与山区高质量发展有机融合的创新实践，提出了相关对策建议。

一、松阳县传统村落保护利用与山区高质量发展有机融合的创新实践

1. 加强党委全面领导和政府统筹负责，促进传统村落保护利用与山区高质量发展有机融合

近年来，松阳县围绕"田园松阳"建设和山区乡村振兴战略，加强县委全面领导，将传统村落保护利用作为推动山区跨越式发展的核心工作，按照"一抓等于十抓"（抓传统村落等于抓美丽乡村、农民增收、公共服务、文物保护、非遗传承、传统教育、生态建设、旅游发展、文化产业、区域品牌）的总体思路，由县政府统筹负责，重点协调处理好传统村落保护利用中的"五对关系"，着力推进传统村落利用与山区高质量发展有机融合。一是"传统保护"与"创新发展"的关系。按照"活态保护、有机发展"的理念，把乡村放到历史动态中去考量，促进传统村落保护利用与山区融合发展。二是"盘活存量"与"建好增量"的关系。通过盘活利用闲置房屋等"沉睡资源"，推动山区各类资源的高效利用。三是"点位激活"与"全域串联"的关系。按照"针灸激活"策略，匠心打造30余个全县域生态博物馆（工坊），有效激活山区乡村特色产业。四是"自立更生"与"借力发展"的关系。创新完善柔性引才机制，广罗天下英才。五是"下山脱贫"和"上山致富"的关系。大力支持工商资本、优秀青年回乡上山创业，培育了一批"农创

---

* 本文获得浙江省领导批示。

** 作者简介：鲁可荣，浙江农林大学浙江省乡村振兴研究院农村文化与乡村社会治理研究中心主任、浙江农林大学文法学院院长、教授；任燕，松阳县社会科学界联合会副主席。

客”“文创客”。

2. 遵循乡村发展规律，充分激活和系统利用传统村落多元价值，打通“两山”转化通道

松阳县在对传统村落开展深入系统调查研究的基础上，充分遵循乡村发展规律，重点开展“12345”创新实践，激活传统村落多元性价值。具体而言，一是坚持传统村落活态保护、有机发展的理念。二是在传统村落保护利用工作中使用最少、最自然、最不经意的人工干预以及充分利用本土、原生态、低碳环保材质和废弃建材，并充分利用生态环保技术等两个手法。三是在传统村落保护利用中维持原生态的田园风光、原真的田园乡村风情和原味古朴沧桑的历史感。四是传统村落保护利用要达到“风貌完整、舒适宜居、富有活力、人文和谐”四个目标。五是传统村落保护利用做到复活传统村落的整村风貌、经济活力、优良文化基因、传统民居的生命力以及低碳生态环保的生活方式。

同时，松阳县深入贯彻落实“两山”理论，通过对传统村落开展系统保护、有机更新、新业态植入和传统文化的保护传承等工作，聚焦“五个变”，探索“绿水青山就是金山银山”转化通道，主要包括：壮大茶产业，实现“叶子变票子”；激活古村落，实现“资源变资产”；巧打电商牌，实现“山货变网货”；构建综合体，实现“山民变市民”；推进组织化，实现“村民变股民”。从而有力地推动了山区乡村“三产”有机融合与发展，逐步探索出了一条通过保护利用传统村落促进山区高质量发展之路。

3. 多元主体协同参与传统村落保护利用促进山区高质量发展

松阳县在传统村落保护利用工作中，明确建立了党委领导、政府负责、村民主体、新乡贤及社会资本共同参与的共建共融共享机制，有效促进了山区高质量发展目标的落地落实。一是成立了由县党政主要领导为主的传统村落保护利用工作领导小组，统筹建立了政策引导、技术支持、资金整合、考核督导等协调共建机制。二是在松阳籍新乡贤中广纳贤才，成立传统村落保护利用专家委员会、松阳古村落文化研究会等融合多元社会力量协同参与，负责传统村落的评估认定、技术指导咨询等，有效地推动了传统村落保护利用工作。三是实行以村级组织和村民为自主主体和发展主体，促进传统村落保护与村民生活改善有机协调与共享发展。一方面组织基层党员干部、热心村民等共同参与传统村落日常保护工作。另一方面引导村民以入股、合作开发等方式参与传统村落的生态农业、乡村旅游等产业发展，促使村民共享传统村落保护利用成果。

二、促进传统村落保护利用推动山区跨越式高质量发展政策建议

1. 加强党的全面领导，全方位统筹推进传统村落保护利用与山区跨越式高质量发展

加强党委全面领导和政府统筹推进，着力推动《松阳县跨越式高质量发展五年行动

计划（2021—2025）》各项任务落实落地。将传统村落保护利用工作有机融合到“千村精品、万村景区”工程和乡村振兴战略中，统筹推进山区传统村落保护利用规划、土地利用规划及美丽乡村建设等“多规合一”，全力打造国家传统村落公园，有效促进传统村落保护利用推动山区跨越式高质量发展。

2. 加大“大搬快聚富民安居”工程实施力度，促进城乡高质量融合和区域协调发展

围绕松阳县作为高质量发展建设共同富裕示范区缩小城乡差距省级试点目标，扎实推进新型城镇化和乡村建设行动。科学规划布局城乡发展空间，构建城乡一体化新格局，以农业转移人口和农村人口为重点，加大“大搬快聚富民安居”工程实施力度，统筹整合城乡特色资源要素，畅通城乡一体化发展路径。将搬迁人口安置在县城、中心镇及园区，推动人口集聚、产业集群、要素集约，促进有能力在城镇稳定就业和生活的常住人口有序实现市民化。同时，提升县城城市基础设施建设与管理运营水平，以未来社区建设示范带动城中村、老旧小区等改造，全面优化宜居环境，建设具有山区风情的宜居宜业宜游县城，促进城乡高质量融合和区域协调发展。

3. 持续深度推进“山海协作”工程，助力低收入农户增收，有效推动山区跨越式高质量发展

针对松阳县山区与平原之间区域发展不平衡和城乡发展差距短板，要进一步念好新时代“山海经”，进一步持续深度推进“山海协作”工程，将其与乡村振兴战略、大花园建设、山区跨越式高质量发展、促进低收入百姓增收有机结合起来。要因地制宜，多措并举，多轮驱动，多方合作，进一步构建和完善覆盖市、县、镇、村的“山海协作网”，超常规推动山区高水平发展，有效促进山区农民农村共同富裕。充分发挥余姚、嘉兴山海协作“飞地”在实现生态价值转化、培育现代产业体系、增加内生发展动力、助力低收入农户增收等方面的作用，以“飞地互飞”模式搭建循环互通的桥梁。

4. 深入拓宽“两山转化通道工程”，发展新型乡村产业和高质量农村集体经济，铸牢农民农村共同富裕基石

要充分挖掘整理传统村落多种功能价值，坚持完整性、真实性、延续性原则，全面科学地保护传统村落。合理兼顾山区乡村丰富特色资源的开发利用，因地制宜地建设一批山区生态保护与宜居乡村融合、新型乡村产业发展与美丽乡村融合的示范村和精品村。通过完善山区农产品经营体系，发展以茶资源和中药材资源为核心的高效生态现代农业，促进生态农业富民。充分利用优良的生态资源，打造国家级全域康养示范县以及城镇村一体、居业游创共享的国家传统村落公园，挖掘红色旅游资源打造“红绿文旅融合示范区”，强化生态旅游富民渠道，拓宽山区生态产品价值全面有效转化通道，真正实现“走进青山绿水捧出金山银山”。

5. 着力加强基层组织建设和人才培养，激发乡村内生发展动力，夯实山区高质量发展基础

要加强山区基层党组织建设，充分调动发挥基层党组织战斗堡垒和党员先锋模范作用，夯实共同富裕的基础，实施“头雁工程”“归雁计划”和“雏雁计划”，优化提升基层带头人队伍，大力推进新乡贤和青年回村，培育新时代“一懂两爱”的基层干部队伍；加强对能工巧匠、非遗传承人等乡土实用性人才培育，夯实山区高质量发展的组织基础和人才基础。要充分整合项目资源，深入挖掘利用山区传统村落特色资源和多功能价值，扶持和打造特色产业发展，有效提高村民和村集体经济收入，让村民共享发展成果实现共同富裕，充分激发村庄内生发展动力。

坚持创新引领，推进宜宾市竹产业高质量可持续发展

——对宜宾市竹产业发展的若干建议*

方伟　余学军　桂仁意**

为贯彻落实习近平总书记对四川竹产业发展的重要指示精神，以及《四川省人民政府办公厅关于推进竹产业转型发展的意见》精神，宜宾市委、市政府高度重视竹产业发展，在市委、市政府强有力的领导下，全市竹产业得到较快发展。2019 年 3 月 1 日至 7 日，我们对宜宾市竹产业发展进行了调研，走访了长宁、江安、翠屏、屏山、兴文等县（区）的政府部门、宜宾学院、市林业科学研究院、竹业基地和企业，并以座谈会等形式进行了深入交流。调研发现宜宾市各区（县）政府、各职能部门、各单位都高度重视竹产业发展，全市上下共同努力，竹业发展成果丰硕，创造了全国第一的竹产业发展速度。但是发展中也出现了一些不足，主要表现在：创新引领不够，科技支撑不足；丰富的种质资源未能充分挖掘利用，规模化竹子良种繁育基地尚未建立；竹林经营管理粗放，单位面积笋竹产量和效益不高；笋竹精深加工集群化发展不够，产业链较短；企业创新能力弱，大多未能高值化利用；专业技术人才缺乏，从业人员技术水平不高；竹业三次产业内、竹业与其他产业间的融合度低，产业相互支撑力不足等。

综合以往 6 次对宜宾各地开展竹产业科技服务的体会，我们认为，宜宾市竹产业要以习近平总书记的五大发展理念为指导，特别是以创新发展为引领，科学谋划有效推进。立足宜宾竹资源优势，按照“强二产、促一产、拓三产”的三产融合发展思路，针对各地实际情况分类施策，研发并推广竹林培育新技术，推进竹林生态高效经营；支持企业开展源头创新与技术研发，推进笋竹精深加工与高值化利用；高度重视竹文化深度挖掘与利用，推进竹文化创意产业发展；尽快推进竹产业创新平台与创新团队建设，提高科技创新能力；走出竹浆纸一体化、竹纤维纺织集群化、笋竹产品高端化和竹文化旅游特色化发展等一二三产业深度融合发展之路，从而实现宜宾市竹产业高质量可持续发展。

---

* 本文获得四川省相关领导批示。

** 作者简介：方伟，浙江农林大学教授；余学军，浙江农林大学教授，浙江省乡村振兴研究院兼职研究员；桂仁意，浙江农林大学教授。

一、坚持科学谋划，统筹推进竹产业可持续发展

紧紧抓住竹产业发展前所未有的历史机遇，借鉴先进地区的成功经验，充分利用宜宾市的政治、区位、资源、经济和文化等优势，注重顶层设计，科学精准谋划，统筹推进产业发展。

1. 统一思想，坚定发展目标

有中国第一竹乡之称的安吉，自 20 世纪 70 年代起，各级领导便高度重视竹产业发展，一任接着一任抓，成就了今日的安吉竹产业。高质量发展竹产业，打造中华竹都，是一项长期而艰巨的任务，切忌急功近利，不顾当地实际盲目发展。各级领导干部要进一步统一思想，特别是要提高对竹产业科学发展的认识，树立功成不必在我、功成一定有我的思想，齐心合力，创新高效，奋发有为，铸就中华竹都品牌和影响力。

2. 创新引领，坚定发展自信

产业发展要以创新为引领，作为产业标杆，安吉竹产业辉煌史也是一部创新史。以竹林培育为例，20 世纪 70 年代安吉便总结出一套以深翻垦复、护笋养竹和适当追肥 3 个技术要点为核心的“安吉模式”。进入 90 年代，在浙江农林大学的倡导和技术支撑下，与安吉县共建全国首个 15 万亩毛竹现代科技示范园区，率先提出三产联动发展理念，创建了以现代科技园区为组织形式的竹林培育产业发展新模式，核心区平均产值达 3 525 元/亩，未划入园区的平均产值仅为 600 余元/亩。近年来，该模式在浙江、安徽、福建等地推广应用，对推动我国南方竹产业发展发挥了重要作用。宜宾市竹产业相较其他区域，拥有得天独厚的资源、环境、政策等优势，要坚定发展信心，敢于创新，敢于后来居上，创建竹材产量、丛生竹食用笋产量和培育水平最高的竹林定向培育基地；创建全国自动化水平最高、产能最大的竹原纤维加工基地；创建中国最美竹子园林景观城市等。

3. 生态优先，坚定发展理念

切实践行“绿水青山就是金山银山”发展理念，在保护好生态环境的前提下做大做强做优竹产业，实现竹产业可持续发展。如要注意保护生物多样性，不宜大面积发展竹子纯林，可适度发展竹阔混交林，创新丛生竹材用林高效生态经营模式；在竹加工业上，要切实做好废水处理，实现绿色生产；坚持生态高效经营笋用林，未雨绸缪，避免类似临安雷竹培育中出现的土壤质量劣变、铝毒严重、竹林退化以及面源污染等问题。

4. 科学规划，坚定发展路径

充分发挥政府的产业政策效能，科学规划产业发展路径。从安吉竹产业结构发展历程看，20 世纪 70 年代基本以原竹利用为主，80 年代开始加工业快速发展（1983 年总产

值0.28亿元，第一二三产业产值比为64.3∶35.7∶0)，至2010年二产产值占比最高(总产值94亿元，第一二三产业产值比为6.5∶85∶8.5)，与此同时，三产快速崛起，占比不断提升(2018年总产值225亿元，第一二三产业产值比为3∶65∶32)。由此可见，随着产业向高层次发展，一产比重持续降低。安吉年加工消耗竹材1.8亿株，竹子原材料85%以上来自周边区域。因而，在产业规划时，要放眼全局，充分利用周边区域的竹资源，做强做大竹加工业；充分利用我国旅游业大发展的契机，做优做特竹旅游产业，走出竹文旅发展的新路子；10年期内，可优化第一二三产产业结构比为10∶60∶30。建议启动一批符合宜宾市竹产业发展需要的规划，如竹产业中长期发展规划、竹都城市形象设计规划、竹都特色小镇建设规划等，并坚持一张蓝图绘到底，坚定不移地走一二三产融合可持续发展之路。

二、坚持分类发展，生态高效经营竹林

充分利用宜宾独特的气候优势，开发利用丰富的竹类资源；创新竹林培育技术，引领竹林培育产业发展。

1. 丰富种质资源库，为良种选育提供种质基础

依托宜宾的区位和气候优势，以龙首山、世纪竹园为主，收集整理宜宾已有的种质资源，并重点引进生长表现好、产量高、品质优、抗性强的竹种，如绿竹、黄甜竹等优良笋用竹种，螺丝竹、红秆寒竹、花叶唐竹、花秆小佛肚竹等国内外珍稀观赏竹种，使竹子种质资源种类达到500种以上，建成世界最大的竹子种质基因库，为新品种创制提供丰富的种质基础。

2. 重视良种选育，为竹产业高质量发展提供优质种苗保障

高度重视新品种创制和品种繁育工作。充分发挥宜宾乡土竹种资源丰富、世纪竹园种类多、分布集中的优势，开展生长性状测定；利用性状优异的种质资源开展无性系选育、杂交育种等研究，选育各类良种8～10个，为竹产业可持续发展提供优质种质资源保障。

尽快建立竹子组织培养室，优化建立当地优良竹种组织培养体系；将组培快繁与大田繁殖相结合，快速繁殖优良笋用竹、材用竹、观赏用竹种苗，建立年产能力1 000万株种苗的繁育基地，为宜宾及周边地区乃至全国提供优质种苗。

3. 科学配置竹种，优化基地布局

充分发掘利用高产优质种质资源，通过科技进步提高产量、提升效益，实现提质增效。

(1) 发挥优势，选择高产竹种。宜宾现有楠竹面积43.89万亩，每亩仅可采11.4株，

远低于全国平均水平的 27.6 株。相比之下，宜宾温暖湿润的气候更适合丛生竹生长。现有硬头黄、慈竹、撑绿竹、绵竹等主要丛生竹种 221.60 万亩，平均每亩可采竹材量 1.42 吨，远高于楠竹每亩可采量 0.23 吨（以每株楠竹竹材 20 千克计算）。丛生竹种中，有超高产量的竹种，如倬牡竹。若以平均秆重 60 千克、每丛年采收 5 株、每亩 20 丛计算，每年产竹材 6 吨，是现有丛生竹平均产量的 4.22 倍，增产潜力极大。

（2）因县施策，优化基地布局。对竹林资源丰富的区（县）重点在提升竹林经营水平和单位面积效率与效益上加大发展力度，以质量和效益做好竹产业示范标杆；对部分山区发展空间大的区（县），扩大高效益竹林面积，以面积数量和产量惠及广大竹农。在楠竹集中分布区的长宁县和兴文县，重点实施低产低效林改造，提升竹林景观效果，实现一、三产融合发展；在丛生竹种集中分布区的江安县、长宁县、叙州区、屏山县、高县和南溪区等地，重点实施丰产林改造，创新丛生竹材用林生态高效经营模式，建设竹材产量最高的示范基地，为竹笋加工、竹浆造纸、原竹纤维等加工业发展提供原料，实现一、二产融合发展；在方竹、罗汉竹等集中分布区的屏山县、兴文县、珙县和筠连县等地，重点实施高山笋用林丰产改造；在屏山县，结合扶贫工作加大基地建设扶持力度，争取科学技术部更多资金投入，建设科技部推广项目基地和最大的富硒竹笋基地，建设好 10 万亩纸浆林培育基地；在全市生产条件良好的区域，发展 10 万亩高产高效的集约经营笋用林。

对新造林，在低海拔缓坡地重点引种绿竹、高节竹等高品质笋用竹种；在 1 000 米以上高海拔地区，重点发展方竹、刺黑竹、罗汉竹等高山高效笋用林，实现市场四季有高品质鲜笋供应，建成全国最大的四季笋生产基地。基于建设大面积集中连片新造林的实际困难，建议对 1 000 亩以上的相对集中连片新造林基地给予补助。

4. 创新竹林培育技术，建立高效示范基地

（1）竹林生态高效培育。宜宾全市竹笋和竹材年产值 14.26 亿元，平均亩产值不足 500 元，提升空间大；竹林培育是以笋材采收为主，而作为提高生产力最有效的手段，施肥管理基本空白。研发基于测土配方的竹林专用袋装控释肥生产与应用技术，与传统施肥相比，可提高肥料利用率 80%以上；集成竹林结构管理、目标产品调控等技术体系，建立楠竹、硬头黄等竹林生态高效培育示范基地。充分发掘利用特色竹林资源。经营管理后的方竹林，每年亩产值可由 200～300 元提升至 2 000～3 000 元，集约经营后产值会更高。通过竹林结构调整，建立方竹、刺黑竹、罗汉竹等特色高山有机笋用林基地；通过控释肥技术应用，建立高产无公害竹笋生产基地，大幅提升竹农收入。加强技术培训，避免胡坝村雷竹林基地管理中出现的母竹留养不合理和土壤表面施肥等问题的发生，实现竹林生态高效培育。

（2）笋用林促成栽培。自 1990 年代始，浙江农林大学系统研发并推广雷竹覆盖栽培技术，亩均效益提升了 10 倍，仅在临安一地，已为竹农增收超 100 亿元。笋用林覆盖栽培也是当前浙江省“一亩山万元钱”十大主推技术之一。引进并创新笋用林促成栽培技

术，在长宁县双河镇金鸡村、翠屏区宋家镇胡坝村建立苦竹、雷竹等笋用林早出示范基地，实现亩产值万元以上。合作研发笋用林土壤水分、氧气、养分、温度等设施精准控制技术，创新智慧竹林培育技术体系，降低人力投入成本50%以上，避免竹林退化，实现竹林培育高质量可持续发展。建成竹林培育水平最高、经营管理模式最先进的生产基地。

(3) 竹林机械化经营。由于生产条件差、竹材采伐成本高等原因，目前宜宾竹材采伐利用率低，如楠竹采伐利用率为41%、丛生竹采伐利用率为36%，导致资源大量浪费。开展竹林宜机化改造，合作研发竹材采集机械，探索机械化采伐新技术（如丛生竹半丛式采伐、散生竹条带式采伐等），创新竹材采集方式，提高资源利用率。在全国率先建立竹林机械化经营示范基地，将竹材采伐利用率提升至90%以上。

(4) 竹林复合经营。发展竹子与珍贵用材树种混交林。如每亩套种20株金丝楠木类树种，按目前售价，仅木材价值20年后为6万元，30年后为9万元，40年后为30万元，是很好的绿色银行。研发竹林复合的名贵珍稀食用菌、名贵中药材、珍稀家禽等种养技术，扩大种养规模。

(5) 竹林碳汇计量与交易。竹林是纳入2005年京都议定书框架的森林类型。开展碳汇交易，开展竹林碳汇智能精准监测技术研发、竹林增汇减排协同能力提升、竹林碳汇产业示范推广应用、竹林碳汇技术人才培训等，积极服务国家和地方林业碳汇产业战略需求，不断突破竹林碳汇领域科技创新与产业发展难题，探索和丰富我国竹产区“绿水青山就是金山银山”的实践新路径，更好地发挥竹林在林业应对气候变化和促进山区发展中的作用。现有竹林经营方法碳增量每年为3吨，可增加12～15元收入，仅宜宾300万亩竹林可额外增收3 500万元以上；新造竹林采用碳汇计量和交易每亩可额外增加25～30元的收入，40万亩新造竹林每年可额外增收1 000多万元。

三、坚持绿色发展，大力发展笋竹精深加工产业

把握产业发展大势，加大招商引资力度，引进和培育一批竹产业行业龙头企业，引导工商资本、民营资金参与竹产业开发，补齐竹产业链短板。适时组织考察日本大和竹生物利用企业等，洽谈引进竹提取物和竹药等高效利用技术；促进竹原纤维、竹缠绕等高附加值竹材加工企业在宜宾落地和升级，丰富竹材加工产品创新与新兴市场培育，开拓和形成竹材物理和化学利用的相关新兴产业。重视竹纤维加工下游产品的研发与企业引进，延伸竹纤维利用产业链。开发依托竹纤维的纺织等系列产品、汽车内饰产品、居家竹系列产品。鼓励和支持省部级重点实验室、工程中心建设。鼓励和支持宜宾纸业、长顺竹原纤维、天竹竹纤维等重点企业建立企业研究院，创建省部级重点实验室和国家林业和草原局竹纤维利用工程技术研究中心。建立中国最大技术最先进的竹纤维生产基地。

充分发挥各地的竹业资源与产业优势，合理布局，建立特色产业园，提升资源综合

利用率，实现特色优质产业集群化发展；高度重视下游产品开发和现代科技产品研发应用，实现产业链条化和高值化；改进生产工艺，提升文化内涵，开拓线上市场，实现产品高端化和品牌化。

1. 发挥竞争优势，实现产业集群化

宜宾最大特色优势在于竹纤维，特别是竹原纤维和竹子化学黏胶纤维的生产企业，为宜宾独有。宜宾竹浆生产能力规模巨大，约占四川省的50%，随着技术的提升，生产能力还会进一步提升。竹浆纤维性能相当于阔叶树纤维，但竹材的采伐采用择伐，有利于竹林更新，使竹林的可持续利用能力优于阔叶树种。开展竹纤维生产企业的合理布局和集聚，统筹原料基地和生产基地（纤维生产、纺织产品）建设，建立宜宾市竹纤维加工企业联盟和竹纤维产业集聚区，优化产业集聚区的产业分工和公共服务功能，强化集中供热、蒸煮、碳化、烘干、环保处理等共性生产设施和工艺配套，推动竹业企业节能、降耗、减污、增效，提升原料的综合利用水平，通过公共服务可降低生产成本20%以上，实现竹纤维产业的绿色发展。

积极培育龙头企业，支持和引导企业通过强强联合、兼并重组、参股控股、改制上市等形式，打造一批产业关联度高、功能互补性强、发展潜力大的龙头企业群体。鼓励龙头企业牵头组建集种养加服于一体、产学研用相结合的各类竹产业联盟。

利用生态友好的加工技术生产竹原纤维及其产品开发，开发保持竹纤维天然的物理形态、物理结构、物理性能以及所含有的一些特殊天然物质如竹琨、叶绿素铜钠等，真正具有竹纤维各种特性的产品，形成竹材物理和化学利用的新兴产业。国家林业和草原局预测，“十三五”至“十四五”期间，宜宾竹浆产能将于2020年达到80万吨；到2025年将达到110万吨。全国预计到2020年，竹纤维需求量将达到38万吨，宜宾竹浆粕及竹纤维产能将达到10万吨；到2025年，需求量将达到62万吨，宜宾竹浆粕及竹纤维产能将达到25万吨。在竹浆粕和竹原纤维（长宁）、竹黏胶纤维（江安）、纤维纺织（屏山）三个领域重点形成宜宾竹纤维产业布局与优势；同时以二产促一产，开展竹原料基地建设与加工企业配套布局，实现竹纤维产业集群化发展。

2. 开发下游产品，实现产业网络化

加大生物、工程、环保、信息等技术集成应用力度，加强节能环保和清洁生产，促进笋竹加工的链条化、网络化、智能化、精细化。大力拓展笋竹产品门类和层次。重点引进和支持绿色食品、竹制艺术品加工、竹纤维利用、竹活性成分提取与利用等生产项目。对于重大产业项目或产业延链、补链带动作用强的企业，给予“一企一策”专项政策支持。聚链成网，形成相互依托、相互支撑的合力，共同助力宜宾竹产业高质量发展。

丰富竹加工产品类型，形成原料利用的链条化和产品系列网络化。宜宾目前最大优势是竹浆生产，开发利用竹浆产品，包括纵向的竹浆纸一体化开发与竹纤维的纺织品开发利用等，横向的竹木质素、木聚糖等开发利用，产业的集聚可以通过产业的纵横交错

形成发展合力。

开发适合深度加工的各类纤维材料，以宜宾长顺公司为例：新鲜竹材生产床垫用竹原纤维最低售价为6 000元/吨，每吨竹原纤维至少可实现1 500元净利润；新鲜竹材（楠竹）生产汽车用竹原纤维出厂最低售价为8 000元/吨，至少可实现每吨2 500元净利润；新鲜竹材（一年生慈竹）生产纺织用竹原纤维上海离岸价为4万元/吨，每吨竹原纤维至少可实现2万元净利润。目前，国内已有企业将宜宾生产的纺织用竹原纤维开发成无纺布及竹纤维毡（空调使用），国内售价达2.5万元/吨。不同用途的产品附加值不同，可根据不同竹材的特点开发适宜的产品，提升经济效益。布局以竹纤维为原料的新型产业业态，如竹纤维纺织布、竹纤维无纺布、竹纤维毡、竹纤维型材等新材料，大力拓展新用途。

竹材加工业的智能化改造，可推动"机器换人"工作，激发竹材加工生产企业提高技术改造的积极性，提升劳动生产率和装备自动化程度，从而推进宜宾竹产业由劳动密集型企业向技术密集型企业转型。如安吉永裕竹业有限公司新投资了一套竹家具自动化生产线，使每月产值由200万元提高到300多万元。更重要的是，由于这条生产线生产出的产品质量更好，成本低了，价格就便宜，竞争力就强了。

3. 应用高新技术，实现产业高值化

开发竹生物质能源、生物质材料和生物质产品，挖掘竹资源工业化利用潜力。利用竹缠绕技术生产各种管道和复合结构材料，可形成承压、抗震抗沉降能力强、耐腐蚀、保温性能突出、综合造价低，可广泛替代钢材、水泥、塑料等高污染和高能耗材料的高附加值产品。浙江鑫宙宜宾工厂计划年生产2万吨竹缠绕管道和结构材料，产值约2.2亿元，利润率达15%～20%，如结合市政工程，可降低工程成本20%～30%。

从古至今，竹子在人们的生活中扮演了非常重要的角色，我们可以轻松地从中国诗歌书画、古家具及古园林建筑中发现，竹材是我国传统家具的主要用材之一。通过创新竹家具设计与产业化开发，利用竹材生长快速，材质硬度高，超强的韧性等优点，研发防腐防霉、保色染色处理技术，研发专用竹加工机器等，可制成竹集成材、竹层压板、竹纤维面料等宜宾特色竹材料，开发现代竹家具，也可转化竹原纤维生产和浙江农林大学无胶纤维板加工技术，一次成型开发新型竹家具，形成一个新兴的低碳产业，并依托丰富的产品优势打造中国最大的竹制品市场。

4. 提升文化品质，实现产品高端化

重点支持营养功能成分提取技术研究和开发，培育发展竹系列森林食品和保健品。在生物活性产品开发和竹材全竹绿色利用方面加大支持力度，开发富含文化品质内涵的高端竹系列产品。一是引进先进技术，进行竹药与竹保健品（如日本大和生物）开发，使竹叶、竹液等通过生物技术开发具有除异味、抗氧化、杀菌、消炎等功能的保健食品或药品，形成美容与护肤品的新产业。二是在溶解浆生产过程中实现木聚糖的提取与利

用。四川天竹竹资源开发有限公司生产溶解浆过程中，木聚糖作为废弃物被白白浪费，建议引进日本相关先进技术，在生产溶解浆过程中分离提取木聚糖，每生产 1 吨溶解浆，可提高经济效益 4 万元，实现竹材的高值化利用。三是开展竹叶中竹黄酮提取及后期产品开发。邀请浙江大学张英教授和安吉圣氏生物科技有限公司考察宜宾，发挥该企业在竹黄酮提取及后期产品开发的技术优势，生产竹饮料等高附加值产品。尽快组建日本竹产业考察团，考察大和生物株式会社并邀请大泉高明博士等考察宜宾，建立竹子生物制药企业，合作开发利用竹叶资源。四是笋竹加工质量安全维护。健全竹笋产品标准体系和质量管理体系，推广竹笋安全加工技术，完善竹笋产品质量评价制度和追溯制度。加快推进标准化生产，大力推进产地标识管理、产地条形码制度。培育创建一批竹笋产品质量提升示范区。建立竹笋产业市场准入目录、市场负面清单及信用激励和约束机制。建立竹笋产品质量安全抽检机制，及时发布检测结果，引导企业落实产品质量及安全生产责任。

5. 融合线上线下，实现产品品牌化

对获得“驰名商标”“四川省著名商标”“中国名牌产品”“四川名牌产品”“中国出口名牌”“四川出口名牌”称号以及国家地理标志保护产品认定的企业（申报机构），建议市政府给予适当奖励。对已取得的品牌和一批获金奖的主导产品，建议组织质量认证，统一商标，发挥品牌效益。通过品牌创建，赋予笋竹产品更高的品牌价值和文化内涵，提高附加值。支持竹加工生产企业自建平台，或通过第三方平台开设网店，开展网上直销、网上订货及售后服务等业务。指导有条件有实力的企业建设面向行业和消费者的供销产业链电子商务平台，带动产业链上下游企业共同发展。

四、坚持融合发展，促进竹文化深度挖掘与创新

深度挖掘竹文化内涵，挖掘竹子的“十德”“五君子”“九问”等故事，做到三个层面的融合，一是文化与竹产业的三次产业间的有机融合，二是竹产业与宜宾其他特色产业间的有机融合，如竹与酒的融合，竹与茶的融合等，三是文化之间的融合，如竹文化与茶文化、竹文化与酒文化、竹文化与盐帮文化等的有机融合。

1. 重视竹文化挖掘与创新，建成中国最大的竹子生态文化公园

历史悠久的竹文化是四川传统文化中不可或缺的一部分，四川要发展竹产业，除了要继承传统，更重要的是需要创新。要按照“一带、两环、三区、四廊、多核”规划布局，进一步健全完善龙头山公园建设。

加强竹文化与竹产品的融合，通过创意设计，提升产品附加价值。建立竹文化博物馆，创新博物馆展览方式，丰富展品内容。建议按照历史年代进行布展，通过竹子布展体现中华五千年文明史。展示从竹子化石与熊猫化石，尧舜时期竹子传说，中国最早的

春秋时期的竹君子，战国时期的孙子兵法，到唐宋的竹诗词、竹典故，元明清的竹食谱，竹工艺品、竹器，再到现代竹工艺品、竹家具、竹建筑等，充分呈现源远流长、博大精深的中国竹文化，建成全国内涵最为丰富的竹文化博物馆。

2. 加强竹文化与竹产品的融合，发展竹文化创意产业

引进如黄学敏等一批竹工艺大师，及早介入大师工作室建筑方案设计与室内布局，通过创意设计，提升竹文化生态文化公园品位与内涵，提升与宜宾其他特色文化间的融合。

重视竹文化创意产业，如竹名片、邀请函、入学通知书、标牌等；各类竹子工艺品、竹子书画诗词、竹子艺术、品牌建设等，用浙江农林大学刨切微薄竹技术开发以竹为载体的文化产品。

3. 重视竹子景观文化建设，建成最美竹都

开展蜀南竹海风景林改造、城市竹子风景林建设、竹生态文化公园建设，全力打造世界第一的竹文化生态公园，让种竹、食竹、用竹、爱竹、赏竹成为新风尚。加大投入，加大内涵建设力度，讲好竹子故事，实现处处有竹景、处处有文化，打造真正的最美竹海、最美竹子园林景观城市。

五、坚持创新发展，夯实竹产业创新基础

1. 共建宜宾竹学院，建设产业特色鲜明的高水平宜宾大学

促成浙江农林大学、宜宾市政府、宜宾学院三方共建宜宾竹学院，并依托宜宾学院继续教育学院开展竹产业相关技能教育和人才培养。积极支持宜宾学院申报硕士授予权，未来可以宜宾竹学院、川茶学院为基础，创建竹、酒、茶、旅为特色的产业文化学院；依托现有的继续教育学院，创建乡村振兴学院，在全国率先创建以产业学院为主要构架、特色鲜明的高水平宜宾大学。

2. 启动宜宾长江竹产业研究院建设，有效服务竹产业发展

整合宜宾学院、市林业科学研究院、竹业龙头企业等单位资源，共同组建宜宾长江竹产业研究院。在竹子育种、竹子生物技术、竹林培育技术、竹笋加工技术、竹材加工技术、竹材化学利用技术、竹文化挖掘与应用等领域设立相关实验室开展研究与技术开发，服务宜宾竹产业高质量发展；高度重视实验室建设，重点建设3个实验室：竹子种质创新与生物技术、竹林生态高效培育、竹子精深加工；为申报省部级重点实验室/工程技术研究中心，进而为国家重点实验室等国家级创新平台申报打下良好基础。同时，创建重点企业研究院。引导竹产业重点企业建设一批高水平竹子创新平台或中试基地，研发和熟化先进竹林经营和笋竹利用技术，并在全市推广。

3. 高度重视竹子创新团队建设，为竹产业发展提供人才支撑

与国内各相关高校、科研单位合作，以首席专家带研发团队的形式建立一批竹产业研发推广人才团队。同时在宜宾建立相应的人才流动服务站，为优秀人才在宜宾创业就业和技术服务提供便利；首期重点建设四个创新团队，在竹种质创新、竹林高效生态培育、竹子精深加工、竹文化创新与应用 4 个重点领域，分别聘请一位高水平带头人，建成国内一流的竹产业创新团队。

4. 开展竹产业技术和竹文化知识培训，培养一批有文化懂技术善经营的高素质农民

加强竹子相关产业技术研发、推广队伍建设，定期开展知识更新培训，培养一批竹子领域的专门研发人才，开展实用技术培训，培养一批懂技术善经营的高素质农民。

5. 加大政策和资金扶持力度，营造良好创新环境

设立竹产业创新基金，启动产业创新攻关项目研发，引导和鼓励企事业单位参与技术创新与应用，实现产业不断升级。与国内国际行业协会合作，举办国际竹子大会、中国竹产业三产融合发展研讨会等，邀请国内外竹业界朋友，体验中国竹文化，促进国际合作，并依托竹文化公园建立国际竹文化交流中心，争取国际竹业高端论坛永久落户宜宾，提升宜宾竹产业在全世界的知名度。

全市上下统一思想，坚持创新发展，奋发进取，久久为功，通过十年努力，将宜宾建成中国最大的竹子良种繁育基地、中国最大的竹制品交易市场、全国内涵最丰富的竹文化博物馆和最大的竹文化生态公园、国际竹文化交流中心、中国最美的竹子园林景观城市，真正建成中国最美竹海；达到笋竹加工创意产品最多、竹子综合利用水平最高、区域竹产业产值最高，把宜宾打造成全国竹产业支撑乡村振兴的示范市。我们坚信，在市委市政府的坚强领导下，这些目标一定能够达成。我们也愿意为之共同奋斗，把宜宾建成真正意义上的中华竹都。

生态振兴研究

关于差异化推进山区生态产品价值分类实现机制的建议*

沈月琴　杨虹　朱臻　尹国俊　等**

山区生态资源丰富，坚持绿色高质量发展，创新山区生态产品价值实现机制尤其重要。2021年，中共中央办公厅、国务院办公厅印发《关于建立健全生态产品价值实现机制的意见》，要求分类施策、因地制宜、循序渐进。浙江农林大学研究团队结合实际，将生态产品分为物质类生态产品、文化类生态产品和调节服务类生态产品，并基于对浙江和贵州两省的调研，总结分析三类生态产品价值实现机制的现状和成效，剖析存在的问题，提出对策建议。

一、山区生态产品价值分类实现机制初见成效

1. 建立GEP核算体系，实现调节服务类生态产品价值可交易

浙江省出台了《生态系统生产总值（GEP）核算技术规范陆域生态系统》地方标准和《浙江省生态系统生产总值（GEP）核算应用试点工作指南》。丽水市作为全国首个生态产品价值实现机制试点，率先开展了市、县、乡镇、村四级GEP核算评估，完成了首个村级GEP核算评估（遂昌县大田村）；山区县纷纷设立"两山银行（基金）"，培育"两山公司"等市场交易主体，以实现生态产品价值可交易并初见成效；安吉县建立了"两山"竹林碳汇收储交易中心，并发放了首批碳汇收储交易金和碳汇生产性贷款。贵州省毕节市开发了林业碳票，开展碳汇交易。

2. 发展绿色产业，实现物质类生态产品价值可转化

浙江省山区县依托优良生态环境，因地制宜发展山区高效生态农业，围绕茶叶、果品、竹木等十大主导产业，培育壮大菌、茶、果、蔬、药等特色产业，并通过《关于支持山区26县特色生态产业平台提升发展的指导意见》等政策扶持，加快了物质类生态产

---

* 本文获得国家林业和草原局相关领导批示。

** 作者简介：沈月琴，浙江农林大学副校长、浙江农林大学浙江省乡村振兴研究院院长、教授；杨虹，浙江农林大学在读博士研究生；朱臻，浙江农林大学经济管理学院副院长、浙江农林大学浙江省乡村振兴研究院农林经济与乡村产业发展研究中心主任、教授；尹国俊，浙江农林大学浙江省乡村振兴研究院副院长、教授。

品价值转化，促进了农民收入增长。2021 年，浙江省 26 个山区县居民可支配收入平均增幅 11.1%，高于全省平均水平（9.8%）。贵州省选准刺梨、茶叶、特色水果等 12 个特色优势产业，念好现代山地特色高效农业“山字经”，2021 年全省农产品加工转化率超过 55%，农村居民人均可支配收入增长 10.4%。

3. 发展特色旅游，实现文化类生态产品价值可变现

浙江省山区县聚焦康养旅游、体验式文化消费等新业态，打响山区特色旅游品牌知名度，旅游收入占农民收入比重 11%。贵州做强山区特色旅游，打响了“山地公园省多彩贵州风”品牌知名度，2021 年出台了《关于推动农文旅融合促进休闲农业与乡村旅游高质量发展的指导意见》，全省旅游总收入增长 15%，旅游及相关产业增加值达 1 000 亿元。

二、山区生态产品价值实现机制亟待完善

1. 生态产品价值实现的政策机制不够系统

生态产品价值实现机制试点地区虽在建设机制、生态产品价值核算评估、生态信用、生态产品交易等方面进行了探索，但大多局限于“点”上探索，政策机制的系统性不够，表现在部门之间系统性推进合力不足，配套政策法规不完善，专业人才队伍不足，特别是调节服务类等关键难题仍未突破，生态产品价值实现难以落地。

2. 生态产品及其价值实现的认知存在误区

一是对生态产品及其价值内涵缺乏完整、准确的理解，重有形产品、轻无形产品，特别是对调节服务类生态产品认识不足；二是将生态产品价值实现等同于“等靠要”，往往只盯着政府部门发放生态补偿等被动“输血”方式，忽视了对生态产品经营与利用的自我“造血”机制；三是对三类生态产品的特点及其价值构成不了解，对不同类别生态产品价值实现路径的差异性理解不深。

3. 生态产品价值实现的关键问题亟待破解

（1）调节服务类生态产品价值核算困难，产权界定不清晰，补偿机制不健全。一是 GEP 核算落地应用任重道远。在实际应用中，GEP 核算存在测算复杂、部门标准不统一、数据采集难等问题，缺乏配套政策，认可度不高，导致 GEP 核算应用难以落地。二是多元化、市场化生态补偿机制尚不健全。森林、湿地等资源生态调节服务的占补平衡机制尚未建立，碳汇产权界定缺乏依据，体现碳汇价值的生态补偿机制尚未建立，市场化补偿路径尚未打通。

（2）物质类生态产品经营开发能力薄弱，难以实现生态溢价。一是产品精深开发不足。产品大多以初级产品为主，产地初加工和精深加工较少，产品形态单一。二是价值链延伸不足。价值链上中下游增值空间挖掘不够，销售的只是农产品使用价值，而具有

生态标签和质量信号的品牌价值难以体现。三是缺少跨区域生态产品交易平台。现行生态产品交易范围局限于本地，跨区域的生态产品交易格局尚未形成，品牌认可度和辨识度不高，生态溢价难以实现。

（3）文化类生态产品内涵挖掘不够，价值实现模式有待创新。山区生态文化旅游资源丰富，但文化内涵挖掘不够，未充分体现其价值。原因在于：一是文旅融合深度不够，文旅项目缺少与一二产业的融合，缺少“叠加态”的文化生态产品；二是宣传渠道单一，缺乏有效的传播载体，传统媒体为主渠道的宣传效果难以适应多样化需求，新媒体宣传推广利用率低。

三、差异化推进山区生态产品价值分类实现的对策建议

1. 做好顶层设计，系统推进差异化生态产品价值实现机制

一是强化政策法规的顶层设计。健全GEP核算标准体系及配套制度；制定生态产品交易的法律法规，规定生态产品交易的市场主体、交易内容、交易方式等，明确调节服务类生态产品（如碳汇）产权界定依据；完善生态资源资产经营、生态产品价值考核等制度和产业、人才、金融等配套政策。二是分类、分区域推进差异化的实现机制。各地要因地制宜出台实施意见，明确目标任务、评价、开发、补偿、实现路径和配套政策。同时，物质、文化和调节服务三类生态产品的价值构成和实现路径存在显著差异，需要抓住各自的关键问题，分类探索差异化的实现机制。

2. 强化确权赋能，创新探索生态调节服务产品实现机制

调节服务类产品价值实现的关键在于确权赋能和机制创新。山区森林资源丰富，森林碳汇潜力巨大，应围绕“双碳”目标，创新理念机制，明确碳汇产权，建立适应碳中和导向的林业增汇政策机制体系，促进森林生态产品价值的实现。首先，要建立以森林碳汇为主要对象的专业化碳汇交易机构（或“碳中和”机构）。选择碳汇技术研发与专业人才具先发优势的地区，打造全国碳汇交易中心和碳汇交易技术咨询服务高地，并通过数字赋能简化程序，有效降低林业碳汇开发与交易成本。其次，要探索建立区域间碳汇平衡交易及差异化的生态补偿机制。一是建立碳汇交易制度。基于林业碳汇指标，通过市场交易方式实现林业碳汇经济价值，真正打通“两山”转换通道。二是建立政府主导、市场调节的区域之间碳平衡交易机制，为森林增汇行为与区域协同推进提供激励。三是创新碳汇类型，丰富生态产品价值实现机制。创新“减排碳”和“中和碳”两种碳汇类型。前者符合国际国内碳交易市场要求，后者是基于碳中和目标，创新林业碳汇项目方法学，以适应在碳中和背景下市场对林业碳汇的需求，可率先在试点区域内开展探索。

3. 凸显生态品质，有效提升物质类生态产品市场竞争力

物质类生态产品价值实现的关键在于通过信息标签和品牌打造，凸显生态品质，实

现生态产品溢价。一要建立跨区域的产业飞地和生态产品市场平台。从试点地区看，山区生态资源丰富但经济薄弱，要在单一区域内部进行生态产品市场化交易难度大，需要通过建立跨区域的生态产品市场平台以扩大生态产品交易范围，通过“产业飞地”与发达地区合作探索生态产品价值异地转化模式。同时，建立生态产品政府采购目录清单，将生态产品价值与财政转移支付金额挂钩。二要加强产业化组织发展。目前农户流转经营土地的意愿和权责对称性不断增强，可通过支持发展龙头企业、合作社等产业化组织，建设生态产品规模化基地，实行集生产、加工和销售于一体的产业化经营，推进标准化生产与打造生态产品品牌紧密结合，提升生态产品溢价。三要完善生态产品溯源体系，建设跨区域的生态产品供需对接通道。建立生态产品质量追溯机制，健全生态产品交易流通全过程监督体系，实现生态产品信息可查询、质量可追溯、责任可追查。拓展电子商务等新型销售模式，加强东西部合作，特别是与发达地区多主体合作，畅通生态产品进入发达地区的销售渠道。

4. 提升消费体验，多元拓宽文化类生态产品价值的间接实现路径

文化服务类生态产品价值实现的关键在于提高消费体验和创新间接实现方式。一要打造生态旅游金字招牌。深入挖掘和提升山区的独特价值，谋划一批农旅金名片，推动康养旅游、文化旅游、生态旅游、乡村旅游等业态串珠成链。二要拓展生态文化产业链。支持山区特色优势和历史经典产业拓展上下游产业链，促进核心产业与配套产业的有机联动，培育高能级生态文化产业集群。三要在传统服务中注入生态文化元素。升级乡村民宿、教育培训等传统业态，有机注入生态与文化元素，建设以森林康养、山地运动、文化体验等为特色的田园综合体。

浙江安吉推进全域“两山”转化的创新举措及启示*

吴伟光　陈嫩华　施拥军　李璐　熊立春**

安吉是“两山”理念的发源地。21世纪初，安吉余村因矿山关停，当地村民失去生计来源，村庄发展一度陷入迷茫。余村人在习近平总书记“两山”理念的指引下，大念“山水经”，实现了华丽转身，打造了全国闻名的“余村模式”。如何将“余村模式”在更大范围内有效复制与推广，是各地深入践行“两山”理念过程中需要解决的关键问题。

安吉作为全国著名的“竹子之乡”，近年来在多种不利因素叠加影响下，竹产业出现了整体性断崖式下滑，不仅降低了“金山银山”的成色，也危及了“绿水青山”的底色，安吉发展又一次陷入了迷茫。

安吉县委、县政府审时度势，紧紧抓住“双碳”战略契机，通过系统谋划、科学论证、大胆创新，走出了一条以融资推动全域竹林资源有效整合，碳汇开发撬动竹全产业链重塑的“两山”转换新路径，这是继“余村模式”之后，探索全县域“两山”高水平发展的又一次创举。

一、主要做法

1. 成立专门实体机构

随着经济社会发展，林地家庭承包经营的弊端日益显现：从经营现状看，家庭分散经营的林地弃管抛荒现象日趋严重，生态资源没有得到充分利用；从资源特征看，林地等生态资源的价值具有系统性与不可分割性的特征，要使生态资源真正成为生态资本，客观上需要对生态资源进行整合，形成一定的规模，才能形成生态资本推向市场；从开发主体来看，对于工商资本而言，如果要与千家万户进行谈判，实现分散生态资源整合，面临着极高的交易成本。为此，安吉县率先成立了“两山公司”（现更名为“两山合作

* 本文获得国家林业和草原局乡村振兴与重点帮扶工作领导小组办公室采纳。

** 作者简介：吴伟光，浙江农林大学经济管理学院院长、浙江农林大学浙江省乡村振兴研究院首席专家、教授；陈嫩华，浙江农林大学浙江省乡村振兴研究院特约研究员、中共杭州市临安区委办公室一级调研员；施拥军，浙江农林大学环境与资源学院教授；李璐，浙江农林大学在读研究生；熊立春，浙江农林大学浙江省乡村振兴研究院农林经济与乡村产业发展研究中心副主任、副教授。

社"）和森林碳汇管理局，引导村级组织成立毛竹林专业合作社，负责将分散的林地资源进行集中收储，整合提升后推向市场，为生态资源有效整合提供了强有力的组织保障。

2. 引导金融资本介入

林业是经营周期长、自然风险大，且具有显著外部性的弱质产业，没有财政或金融资本的支持，难以撬动社会资本投资和生态资源向生态资本转化。安吉县由"两山公司"出面与村合作社达成毛竹林集中收储意向后，争取到国家开发银行等总额超过 110 亿元、贷款期限 30 年、年化利率不高于 3.5%的优惠贷款，对全县 87 万亩毛竹林经营权与碳汇收益权进行集中收储、改造提升与统一经营，使原本碎片化的毛竹林资源转化成了规模化的生态资本，为重塑竹产业体系重振辉煌创造了条件。

3. 推进竹林碳汇开发交易

毛竹林既是重要的富民树种，也是重要的碳汇树种。安吉县把 87 万亩毛竹林统一流转给"两山公司"，按照统一标准、统一经营、统一品牌原则进行整体性改造与提升。并积极与浙江农林大学等单位合作，按照 CCER（中国自愿减排核证量）或 VCS（国际核证碳减排标准）等标准进行毛竹林碳汇开发与交易，建立集碳汇生产—收储—交易于一体的毛竹林碳汇综合性交易平台，挖掘毛竹林增汇潜力与价值，实现毛竹产业整体价值的攀升，为金融资本与社会资本介入提供了很强的吸引力。

4. 实施闭环运行管理

安吉县设计了一套较为科学完善的从林地流转、竹林经营、碳汇开发、平台交易、收益反哺的全链闭环管理体系，并构建了政府一企业一集体一村民共建共享的利益分配机制。具体而言：一是在村组织引导下，竹农以毛竹林经营权与碳汇收益权入股成立毛竹专业合作社（也称"两山合作社"），由合作社将毛竹林统一流转给"两山公司"。二是"两山公司"按照平均 400 元/（亩·年）、流转期限 30 年（即 12 000 元/亩）的标准，将流转金拨付到合作社，作为"共同富裕股本金"，并将其纳入集体"三资"管理体系，可用于经审核的共富项目投资。三是"两山公司"把收储后的毛竹林反包给村合作社，合作社按照"两山公司"确定的"三统一"要求经营竹林。其中，竹林经营成本与收益归"两山公司"所有，实行收支两条线管理；合作社可利用共富股本金投资经审核的共富项目获得收益。同时，合作社需向"两山公司"上交股本量化金［标准为第 1～5 年 200 元、第 6～10 年 250 元、第 11～20 年 300 元、第 21～30 年 400 元/（亩·年）］。合作社林业经营取得的净收益在入股竹农与村集体按照一定比例进行分配。四是"两山公司"以竹林碳汇收益、毛竹林经营收益、投资共富项目收益等形成稳定持续的现金流，用于偿还银行贷款。五是由"两山公司"牵头打造"1+5+100+X"产业体系，即 1 个国家竹产业园区主平台、5 个共富产业园（重点竹小微园）、100 个共富小微产业园（竹材分解点）、X 个重点竹产业项目，构建竹产业循环经济复合产业链，提升竹产业链整体价值。产业闭环运行管理体系建设，为顺利推进项目落地与实现村强民富提供了制度保障。

二、经验启示

1. 遵循“两山”理念创新发展思路，是推进全域“两山”高水平转化的“指南针”

安吉共有竹林面积101万亩，其中毛竹87万亩，竹农4.9万户，竹产业是当地富民支柱产业。对安吉而言，如何在“两山”理念指引下，顺应时代发展潮流，及时更新发展思路，创新竹产业发展模式，推动竹产业二次振兴，是推进“两山”高水平转化，实现竹农增收、推进共同富裕的头等大事。竹林是良好的固碳树种，具有巨大发展潜力，但需要持续经营与管理才能得以实现。为此，安吉把毛竹林统一流转经营与竹林增汇结合起来，把竹产业振兴与“双碳”战略落地结合起来，着力打造竹产业循环经济复合产业链，成为拓宽做大金山银山转化渠道、开辟“碳达峰碳中和”实现路径、实现共同富裕的先人之举。对于大部分山区县市而言，尽管具体产业及特点有所不同，但是，遵循“两山”理念创新发展理念，寻找适合当地实际的发展道路，是破解发展改革进程中面临难题的不二法则。

2. 创新组建专门管理机构，是推进全域“两山”高水平转化的“发动机”

安吉县委、县政府成立了以县委副书记为组长的工作领导小组，并相继成立了“两山银行”（现更名为“两山公司”）以及森林碳汇管理局等专门机构，统筹推进全县域竹林资源、竹林经营、碳汇开发与交易等业务，撬动整个竹产业体系的重塑增值，是一次“跳出林业看林业”“跳出林业发展林业”的大胆尝试，为推进全域“两山”转化安装了“发动机”。全县域“两山”转化是一项复杂的系统工程，凭借现有的任何单一部门均很难推动；因此，对于生态资源丰富的县（市），可以借鉴安吉经验，因地制宜设立“两山”转化专门机构，统筹谋划并推进“两山”高水平转化。

3. 借助金融资本撬动全域全产业链重塑增值，是打通“两山”转化路径的“助推器”

林业是一个生产周期长、投资风险大、收益回报低的弱势产业，自身资本积累能力弱。要对全域碎片化的生态资源进行规模化开发，需要大规模、长周期、低成本的资本支持。随着乡村振兴、生态文明及“双碳”战略的推进，金融与社会资本对林业投资开发的热情日益高涨。安吉县牢牢抓住这一战略机遇，主动与金融机构合作获得了大额长期低息贷款支持，成功破解了全域“两山”高水平转化资金短缺的难题。对于生态资源丰富的山区县（市），可以借鉴安吉、丽水等地成功经验，充分利用国家大力实施绿色低碳发展战略，并给予绿色金融支持的有利时机，主动与金融机构对接争取绿色金融政策支持，助推“两山”高质量转化。

4. 构建多方共赢机制，是推进“两山”高水平转化实现共同富裕的“动力源”

实现共同富裕的重点难点在农村在山区。推进“两山”高水平转化，需要激发政府、企业、村集体和农户各方积极性。安吉县委、县政府由“两山公司”作为实施主体，对全县 78 万亩竹林以 400 元/（亩·年）的价格进行流转，大大高于目前竹农单家独户经营可获得的收益，充分体现了以民为本、促进农民增收的项目设计初衷。同时，依托金融资本，引入社会资本，以竹林碳汇开发交易为牵引，对整个竹产业体系进行重塑，构建“政府—企业—集体—村民”多方共赢的利益分享机制；保证竹农获得租金、薪金与股金收益；企业通过产业开发获得创新经营与投资收益；村集体通过共富股本金投资获得经营性收益；政府通过项目实施，既实现了生态收益，更促进了产业发展和共同富裕。对于广大山区县（市）而言，在推进“两山”转化过程中，要将发展集体经济、增加农民收入、实现共同富裕，作为政策制度设计的出发点与落脚点。

将浙江生态文明建设和绿色发展先行优势转化为领跑优势*

孔凡斌　徐彩瑶**

在浙江高水平全面建成小康社会之际，习近平总书记殷切期望浙江“努力成为新时代全面展示中国特色社会主义制度优越性的重要窗口”，将浙江全省域的发展层次、工作要求提升到前所未有的高度，赋予浙江面向全国、面向世界、面向未来更重的角色定位和更大的使命担当，为高水平推进省域生态环境治理体系和治理能力现代化的浙江探索确立了新的目标和定位。把浙江建设成为展示习近平生态文明思想和美丽中国建设成果的重要窗口，彰显中国生态文明制度的科学性、完备性和有效性以及生态环境治理体系和治理能力现代化的实践自信，是新时代赋予浙江的新目标和新任务。我们必须增强制度自觉和行动自觉，通过全面提升生态文明制度建设整体水平，固化生态文明建设和绿色发展先行示范实践的经验优势，将生态文明建设的各个领域全面集成升华、迭代升级为新的更高水平的浙江实践，实现先行优势向生态环境治理效能领跑优势的全面转化。为此，本文就浙江生态文明建设和绿色发展先行优势向领跑优势转化的基础以及面临的机遇进行归纳总结和系统分析，并重点从聚焦重点领域、关键环境、重大工程和科技创新等方面提出具体对策建议。

一、生态文明建设和绿色发展先行示范探索奠定了领跑优势转化的坚实基础

1. 生态文明建设和绿色发展先行示范实践取得举世公认的巨大成就

浙江是“两山”理念的发源地和率先实践地，是生态文明建设和绿色发展先行示范区，建设生态文明重要窗口，把生态文明建设和绿色发展先行优势转化为领跑优势，浙江有坚实的实践基础。2003年以来，浙江秉承“勇立潮头”的弄潮精神，发扬“干在实处”的优良传统，坚持一张蓝图绘到底，坚定践行“八八战略”，全面贯彻“两山”理

* 本文刊于“之江策“2022年6月24日。

** 作者简介：孔凡斌，浙江农林大学浙江省乡村振兴研究院首席专家、教授；徐彩瑶，浙江农林大学浙江省乡村振兴研究院研究人员。

念，探索出一条经济转型升级、资源高效利用、环境持续改善、城乡均衡发展的绿色发展之路，形成了一批具有浙江特色、全国领先的实践创新做法。“五水共治”及河长制经验走向全国，“千村示范、万村整治”工程成为全国样板并荣获联合国“地球卫士奖”，在全国率先建成生态省，率先部署开展全域“无废城市”建设，生态环境持续改善，空气质量在全国重点区域中率先达到国家二级标准，生态环境公众满意度水平连续8年持续上升。

2. 以制度创新推动生态文明建设和绿色发展先行示范走在前列

浙江围绕“生态文明建设要先行示范”，以重大改革和重大政策创新为抓手，以推进生态环境治理制度体系现代化为根本动力，继续深化“两山”转化改革和生态文明示范创建，高水平统筹推进新时代美丽浙江建设，制度创新和建设水平走在全国前列。在全国率先建立“三位一体”环境准入制度，率先全面编制环境功能区划，率先实施河长制、交界断面水质和环境空气质量考核制度，率先建立生态环境状况报告制度，率先试点排污许可证一证式管理制度，创新开展排污权有偿使用和交易、排污指标量化管理及企业刷卡排污等系列减排制度，率先建立生态补偿机制。编制实施《浙江省生态文明体制改革总体方案》《浙江省生态文明示范创建行动计划》《浙江省大花园建设规划》《深化生态文明示范创建高水平建设新时代美丽浙江规划纲要（2020—2035 年）》和《浙江省“三线一单”生态环境分区管控方案》等一系列重大规划、重大制度和重大政策，在自然资源资产产权制度、国土开发保护制度、空间规划体系、资源总量管理和节约制度、资源有偿使用和补偿制度、环境治理体系、环境治理和生态保护的市场体系、绩效考核和责任追究制度等制度改革方面取得了众多创新性成果，构成了体现浙江特色的源头严防、过程严管、后果严惩和多元参与、激励与约束并举、系统完备的生态文明治理体系，为奋力打造“千万工程”升级版和污染防治升级版提供了比较坚实的制度保障。

3. 生态文明建设和绿色发展先行示范实践站在领跑优势转化的更高、更新起点

2020 年，中共浙江省委七次全会提出要努力建设展示人与自然和谐共生、生态文明高度发达的重要窗口的新任务，明确要在走好具有浙江特色的生态文明建设和可持续发展之路，把生态文明建设和绿色发展先行优势转化为领跑优势方面加快形成具有中国气派和浙江辨识度的重大标志性成果。当前，浙江省生态文明建设正处于巩固再提升的关键期，已进入提供更多优质生态产品以满足人民日益增长的优美生态环境需要的决胜期，也到了有条件有能力从根本上解决生态环境突出问题的窗口期，人民群众对美好生活的向往更加强烈，对优美环境的诉求更加迫切，继续保持生态文明建设和绿色发展先行优势，把生态文明建设和绿色发展先行优势转化为领跑优势，高水平打造生态文明建设“重要窗口”，是满足人民群众对优美生态环境的殷切期盼的重要途径，是以浙江践行“两山”理念和高水平生态文明建设的新实践，生动展现中国人民坚定不移走生产发展、生活富裕、生态良好的文明发展道路的坚毅行动。

二、生态文明建设和绿色发展先行优势向领跑优势转化面临机遇

国家加快推进生态环境治理体系和治理能力现代化以及实施全国重要生态系统保护和修复重大工程总体规划为持续搞好生态文明建设带来了重大机遇。2020 年 3 月，中共中央办公厅、国务院办公厅印发《关于构建现代环境治理体系的指导意见》，提出到 2025 年形成“导向清晰、决策科学、执行有力、激励有效、多元参与、良性互动的环境治理体系”的改革目标，明确了生态环境治理体系和治理能力现代化改革的重点任务。2020 年 5 月，国家发展改革委、自然资源部联合印发了《全国重要生态系统保护和修复重大工程总体规划（2021—2035 年）》（简称“双重工程”），明确在长江流域包含浙江省等 11 个省（直辖市）以推动亚热带森林、河湖、湿地生态系统的综合整治和自然恢复为导向，加强森林、河湖、湿地生态系统保护，继续实施天然林保护、退田（圩）还湖还湿、矿山生态修复、土地综合整治，大力开展森林质量精准提升、河湖和湿地修复等，切实加强珍稀濒危野生动植物及其栖息地保护恢复，进一步增强区域水源涵养、水土保持等生态功能，逐步提升河湖、湿地生态系统稳定性和生态服务功能，加快打造长江绿色生态廊道。同时在浙江等 11 个省（自治区、直辖市）的近岸近海区，以海岸带生态系统结构恢复和服务功能提升为导向，立足长江口—杭州湾等重点海洋生态区，全面保护自然岸线，严格控制过度捕捞等人为威胁，重点推动入海河口、海湾、滨海湿地多种典型海洋生态类型的系统保护和修复，综合开展岸线岸滩修复、生境保护修复、外来入侵物种防治、生态灾害防治、海堤生态化建设、防护林体系建设和海洋保护地建设，改善近岸海域生态质量，恢复退化的典型生境，加强候鸟迁徙路径栖息地保护，促进海洋生物资源恢复和生物多样性保护，提升海岸带生态系统结构完整性和功能稳定性，提高抵御海洋灾害的能力。国家生态环境保护领域的重大改革和重大工程项目的推进和实施，为浙江省加快推进生态环境治理体系和治理能力现代化改革创新，继续保持生态文明建设和绿色发展先行优势指明了方向，为浙江省加快推进生态环境治理体系和治理能力现代化领跑优势转化战略提供了重大机遇。

三、将生态文明建设和绿色发展先行优势转化为领跑优势的对策建议

1. 聚焦重点领域，推进省域生态环境治理体系和治理能力现代化重大改革，加快完善和提升生态文明制度体系与治理能力水平

第一，加快完善生态环境保护治理制度体系。一是加快完善地方法律法规。加快制定修订环保法实施办法、海洋环境保护、辐射环境保护、土壤污染防治、污水零直排区建设、建设项目环保管理、自然保护区管理、生物多样性保护、移动污染源管理、生态

文明教育促进办法等地方性法规规章。二是加快完善标准体系。加快制定修订环境质量标准、污染物排放标准、环境监测方法、环境管理规范、环境工程规范等地方标准，加快制定企业（污染源）全过程环境管理规范，农村生活污水、化工及制药企业等污水排放标准，推动制定修订污染地块风险评估、重点行业挥发性有机物治理技术规范等管理规程，加快形成支撑适用、协同配套的标准体系。

第二，全面提升生态环境治理能力现代化水平。一是全面提升生态环境基础设施支撑能力。强化农村生活污水治理规模化能力建设，推动农村大花园建设，加快推进生态环境监测网络建设，形成要素全覆盖、天地海一体化、省市县三级联网共享的生态环境监测监控网络，形成与环境质量预测预报、执法监测和应急监测相匹配的支撑能力；建设完善遥感监测网络、视频监控网络及无人机综合管控网络，强化重要生态空间的监控监管；完善监测监控技术体系，全面提高监测自动化、标准化、信息化水平；强化监测监控质量管理，确保监测数据真、准、全；整合环境质量、污染源、生态状况、海洋环境、应对气候变化、核与辐射安全等基础数据库，建设覆盖全省的生态环境监测信息平台，推动生态环境信息统一发布；加快以“城市大脑”为标志的区块链、大数据、云计算、人工智能、物联网等新一代数字化技术在污染防治、执法监管、环境监测领域的应用，推进生态环境保护综合协同管理平台升级迭代，加快构建“1＋N”的业务应用层体系。二是全面提升防范和化解环境风险能力。强化部门联动机制，加强危险废物收集、贮存、利用处置全过程控制，加快形成满足实际处置需求的危险废物利用处置能力，加强环境应急处置能力建设，完善环境风险企业、化工园区应急处置救援队伍，高标准配备物资装备。三是全面提升清洁能源保障能力。深入实施清洁能源产业化工程，有序扩大风能、太阳能、生物质能、核能、地热能等绿色能源供给，逐步关停淘汰落后煤电机组，加快推进集中供热，提高能源利用效率，切实改善环境空气质量和减少酸雨发生率。四是全面提升基层基础能力。落实乡镇（街道）生态环境保护职责，完善网格化环境监管体系，明确承担生态环境保护责任的机构和人员，确保责有人负、事有人干；严格落实各类开发区（高新区）的生态环境保护和监管责任。

2. 聚焦关键环节，推进省域生态环境保护管理政策创新，加快补齐统筹生态环境保护治理体制机制“短板”

一是加快完善生态环境保护治理协调机制、推进机制和督查机制。强化山、水、林、田、湖、海和大气、水、土与固废管理等议事协调机构在生态环境保护修复与治理综合决策、统筹协调、督促落实方面的职能作用，加快推进生态环境治理政策、措施、机制集成改革，健全会商、联动机制，帮助企业减负担、降成本。二是加快完善生态环境领域省与市（县）财政事权和支出责任划分改革方案。建立稳定的省与市（县）生态环境治理财政资金投入机制，确保到 2022 年生态环境治理投入达到 GDP 比值的 3%。三是加快制订有利于推进产业结构、能源结构、运输结构和用地结构调整优化的相关政策。健全与污染物排放总量挂钩的财政政策，完善主要污染物排放财政收费制度，完善与“绿色指数”挂钩的生态环保财力转移支付制度。四是加快建立和完善多元化生态补偿机制。完善新安江流域生态补偿机制，建立省内流域上下游横向生态补偿机制，建立国土空间生态修复市场化多元化机制，探索实施固体废物处置生态补偿机制。五是加大严格执行环境保护税法力度。落实好现行环境保护和污染防治税收优惠政策，促进企业减少污染物排放。六是加快完善金融扶持政策。加快推动银行、证券、基金等金融机构与地方政府合作设立绿色发展专项基金，建立绿色债券贴息制度、绿色产业企业上市奖励制度、绿色债券担保奖励制度，加快完善排污权抵（质）押融资制度体系，加快建立省级土壤污染防治基金，做大环保类基金规模。七是加快完善环保技术帮扶机制，对重大项目落实“一企一策”。

3. 聚焦国家“双重工程”，推进省域生态环境保护修复重大项目，加快形成生态环境质量提升及大花园建设领跑优势新动力

一是加快谋划和推进山水林田湖草生态保护修复工程。加快推进浙江省河湖和湿地保护修复、天然林保护、防护林体系建设、退田（圩）还湖还湿、水土流失和石漠化综合治理、土地综合整治、矿山生态环境修复等重大工程进入国家“双重工程”，全面提升浙江自然生态系统服务功能和环境质量水平，推进浙江美丽大花园建设。二是加快谋划和推进河口海岸带生态环境保护修复工程。总结近岸海域水污染防治攻坚以及杭州湾污染综合治理攻坚实践经验，完善浙江省生态海岸带工程建设方案，编制实施环杭州湾地区生态海岸带建设方案，以及杭州湾、象山港等重点海湾的综合整治重大工程和舟山群岛周边海域生物资源养护工程，推进珍稀濒危野生动植物栖息地保护和改善，提高海堤生态化水平，提升美丽海岸带建设。三是加快推进城市污水环境污染治理工程。实施“污水零直排区”建设工程，全面提升城中村、城郊接合部、老城区等重点区块黑臭水体治理水平，聚焦印染、造纸、化工、电镀、水产养殖等重点行业，推进工业园区、城镇生活小区、镇街实施城镇污水处理提质增效升级，实施城镇污水处理厂清洁排放技术改造和城镇污水管网建设改造工程，全面提升县城和城市污水处理率并达到全国领跑水平。四是加快打造“千万工程”升级版，全面提升农村生态环境质量。结合实施“双重工程”，协调推动新时代美丽乡村创建，大力培育在建美丽乡村风景线，创建美丽庭院和A级景区村，启动实施乡村全域土地综合整治工程，推动乡村有机更新。规划实施养殖尾水零直排建设工程，推进渔业健康养殖示范县和水产健康养殖示范场建设，全面提升养殖生产、尾水处理等设施水平。以“肥药两制”改革为引领，纵深推进肥药减量增效行动，规划实施先进肥药减量技术与模式推广示范工程，建设钱塘江源头、太湖等敏感区域农田磷生态拦截沟渠。规划实施农村环境综合整治提升工程，全面提升农村污水治理设施标准化运维水平，实施农村生活污水处理设施提升行动，完善并实施县域农村生活污水治理专项规划，加强农家乐污水治理。

4. 聚焦科技创新，推进省域生态环境保护修复科技创新集成重大平台建设，加快形成系统长效的生态环境治理科技支撑能力体系

一是加强生态环境保护基础性研究。制订中长期科研发展规划，推出一批符合现代生态环境治理需求的科研成果。二是强化关键技术创新研发和集成示范。重点加快开展大气污染成因与治理、水体污染控制与改善、土壤污染防治与修复、山水林田湖草海生态系统保护修复等研究，形成一批重大关键技术与装备。三是加快建设科技创新平台。围绕污染物协同控制、河湖海生态保护修复治理等重大科技需求，加快整合建设一批省级重点实验室等科研平台，培育一批生态环保科技创新团队。四是筑高生态文明领跑优势转化决策支撑平台。依托浙江农林大学等省内生态经济和生态文明人才培养及科学研究领域国家高端人才及团队优势，高起点建设省域生态环境治理现代化评价研究中心，重点加快推进省域生态环境治理体系和治理能力现代化评价指标体系和评价方法研究，定期发布评价报告，提升浙江生态文明建设“重要窗口”显示度。联合相关党委政府部门，加快研究构建推进以生态系统生产总值（GEP）为核心的“两山”转化评估体系和县域 GEP 核算地方技术标准，依托省域空间数字化治理平台构建全省生态产品价值核算“一张图”系统，开展 GEP 核算监测，推进“两山银行”创新领跑试点。

生态文明建设核心理念的形成*

沈满洪**

生态文明建设既是理论问题又是实践问题，既要理论创新又要实践创新，必须以理论指导实践，以实践检验理论，再以升华后的理论指导实践，进而实现实践的迭代升级。习近平生态文明思想及其在浙江的实践正是理论性和实践性有机结合的典范。

一、勇于创新：生态文明思想从重要论断上升到理论体系

中国特色的生态文明建设需要中国特色生态文明理论。党的十七大之前，生态文明尚未纳入中央文件的“文明系列”。时任浙江省委书记习近平同志高度重视生态文明建设的理论创新。在深入调查研究的基础上，他数次阐述了“绿水青山”和“金山银山”的关系，并于2005年8月15日提出了“绿水青山就是金山银山”的重要论断。与此同时，习近平同志还提出了“生态兴则文明兴，生态衰则文明衰”的文明兴衰观、“破坏生态环境就是破坏生产力，保护生态环境就是保护生产力，改善生态环境就是发展生产力”的生态政绩观、“生态环境是资源，是资产，是潜在的发展优势和效益”的生态资产观、“充分发挥市场机制的作用”“逐步建立健全生态补偿机制”的生态制度观等。可见，习近平同志在浙江工作期间已经形成了习近平生态文明思想雏形。

党的十八大以来，面对我国异常严峻的生态环境形势，习近平总书记不断在认识自然、认识人类、认识人与自然的关系上进行深入探索，提出并阐述了“坚持人与自然和谐共生”“山水林田湖草沙是生命共同体”“良好的生态环境是最普惠的民生福祉”“用最严格制度最严密法治保护生态环境”“共谋全球生态文明建设之路”等一系列论断。特别是将绿水青山就是金山银山理念丰富和发展为“我们既要绿水青山，也要金山银山。宁要绿水青山，不要金山银山，而且绿水青山就是金山银山。”这就旗帜鲜明地阐述了三个论断：兼顾论，在可能的情况下兼顾环境保护和经济发展；优先论，在难以兼顾的情况下坚持“生态优先”；转化论，努力构建生态产品价值实现机制。2018年，全国生态环境保护大会正式提出习近平生态文明思想。这是民心所向和党心所向，这是时代所需和社会所需。

---

* 本文刊于《浙江日报》2022年10月10日第8版。

** 作者简介：沈满洪，浙江农林大学党委书记，浙江农林大学浙江省乡村振兴研究院研究员，浙江农林大学生态文明研究院院长、教授。

习近平生态文明思想实现了一系列突破：突破了“只要经济增长，不要环境保护”的机械主义发展观和“只要环境保护，不要经济增长”的环保主义，形成了“绿水青山”和“金山银山”的兼顾论，实现了马克思主义发展观的新突破；打破了西方政客主张的生态文明建设成果仅仅为发达国家享受而不是被世界各国共享、仅仅为富人享受而不是被全体人民共享的错误观点，旗帜鲜明地提出了一系列生态为民观点，实现了马克思主义人民观的新发展；突破了国际生态文明建设中的“零和博弈”思维，明确提出了自然命运共同体、人类命运共同体、人与自然命运共同体等观点，实现了马克思主义共同体思想的迭代升级。

二、敢于探索：生态文明建设从区域战略上升到国家战略

区域生态文明建设必须要有战略谋划。习近平同志刚到浙江工作时，全省正处于经济快速增长、环境快速退化的阶段。在这一特定背景下，习近平同志通过调研提出生态省建设的战略目标，并纳入浙江经济社会发展总纲的“八八战略”，提出要“进一步发挥浙江的生态优势，创建生态省，打造‘绿色浙江’”。由此，浙江省以前所未有的力度开启了生态文明建设新征程。在生态省建设中，浙江以生态环境保护为基础，以生态经济发展为核心，以生态人居建设为重点，以生态创新驱动为保障，持续实施了“811”环境污染整治行动、循环经济“991”行动计划、“千村示范、万村整治”工程以及每年出台生态文明相关的地方性法规，以此遏制住了生态环境退化的趋势。在浙江生态省建设中，生态环境安全需要逐渐得到满足，生态环境审美需要提上了议事日程。安吉率先开展了美丽乡村建设，进而浙江全省推进，并推广到部分省、自治区、直辖市。党的十八大报告首次系统阐述了生态文明建设，并赫然写上了“建设美丽中国”的亮丽字眼。

从“建设生态省”到“建设美丽中国”，这是生态文明建设从区域战略上升到国家战略的必然结果。与此相对应，“绿色浙江”“生态浙江”等生态文明建设战略均上升为“美丽浙江”战略，进而上升到“诗画浙江”建设战略。正是在“建设美丽中国”这一国家战略的指引下，浙江省乘势而上，以干在实处、走在前列、勇立潮头的姿态，持续推进生态文明建设，并取得了显著成效：2018 年，“千万工程”荣获联合国“地球卫士奖”，受到国际组织的高度认可；2019 年，生态省建设通过国家验收，成为首个也是迄今唯一通过国家验收的省份。

生态文明建设不仅在浙江省开花结果，而且在全国均取得了巨大成就。诚如党的十九届六中全会通过的《中共中央关于党的百年奋斗重大成就和历史经验的决议》所说的：“党的十八大以来，党中央以前所未有的力度抓生态文明建设，全党全国推动绿色发展的自觉性和主动性显著增强，美丽中国建设迈出重大步伐，我国生态环境保护发生历史性、转折性、全局性变化。”总体上看，我国生态文明建设成就可以概括为：绿色低碳发展成效显现，生态环境质量明显改善，城乡人居环境日渐美丽，生态文明制度体系日趋完善，并成为全球生态治理的重要贡献者。

发达国家短则三五十年长则一两百年才实现了生态环境质量的根本好转，我国尤其是浙江省只用了十多年时间。这是习近平生态文明思想正确指引的结果，也是以习近平同志为核心的党中央坚强领导的结果。

三、善于结合：生态文明理论指导实践不断实现迭代升级

没有理论指导的实践是盲目的实践，没有实践检验的理论是虚弱的理论。习近平生态文明思想的理论创新和中国生态文明建设的实践创新实现了有机结合。浙江则是这种有机结合的典范。

浙江是习近平生态文明思想的重要萌发地。习近平生态文明思想的全面形成，常常带有“浙江元素”。浙江的干部群众对此怀有一种特殊真挚的感情。正因此，浙江省以多种方法学习习近平生态文明思想。第一种学法是感恩式学习。如果没有习近平生态文明思想在浙江的萌发，如果没有习近平同志擘画的“八八战略”，如果没有习近平生态文明思想的正确指引，浙江省就不可能在十多年时间内实现生态环境状况的根本性好转，就不可能实现经济增长方式从粗放式增长转向高质量发展，就不可能建成全国第一个生态省。因此，学习习近平生态文明思想是带着深厚的感情学习的。第二种学法是研究式学习。按照习近平同志在浙江省社会科学界联合会第五次代表大会上讲话指出的“真”“情”“实”“意”的要求，浙江设立并委托了一大批以习近平生态文明思想为研究内容的“文化研究工程”重大项目，并形成了系统性成果。第三种学法是交流式学习。无论是“绿水青山就是金山银山”理念提出十周年还是十五周年，浙江省委、省政府均举行了隆重的研讨会，感悟理论魅力，阐释思想成果，总结实践经验。浙江省生态文明智库联盟及成员单位组织了一系列“绿水青山就是金山银山”研讨会、习近平生态文明思想研讨会等，形成了浓厚的学术氛围。浙江民众已经将习近平生态文明思想内化于心并外化于行。

浙江生态省建设是习近平同志亲自擘画的。浙江省始终坚守生态文明建设战略定力。从建设绿色浙江到建设诗画浙江，浙江生态文明建设始终坚守“绿色主线”，充分显示出浙江省委、省政府“一张蓝图绘到底”“一任接着一任干”。同时，浙江生态文明建设的战略不断实现迭代升级：“生态省建设战略”是对“绿色浙江建设战略”的升华，“绿色浙江”主要强调生态环境保护，“生态省”则是“比较发达的生态经济、优美的生态环境、和谐的生态家园、繁荣的生态文化”的综合；“美丽浙江建设战略”是对“生态浙江建设战略”的升华，“生态浙江”主要强调生态环境安全需要的满足，“美丽浙江”则强调满足生态环境安全和生态环境审美需要的兼顾；“诗画浙江建设战略”是对“美丽浙江建设战略”的升华，“美丽浙江”主要是指美丽经济、美丽环境、美丽家园，“诗画浙江”则要求生态文化、生态文学、生态艺术等全方位的发展。

浙江省第十五次党代会已经绘就未来发展“两个先行”蓝图：共同富裕先行和省域现代化先行。从生态文明建设的角度看，就要做到“绿色共同富裕先行”和“绿色发展

现代化先行”。浙江正处于生态环境安全需要与生态环境审美需要并存、浅绿色发展与深绿色发展并存、陆域生态文明建设与海洋生态文明建设并存、生态环境保护与应对气候变化并存的特殊历史时期。在这一特定的历史阶段，生态文明建设的任务一点都不亚于20年前。在这一时代背景下，浙江省更加需要自觉地以习近平生态文明思想为指导，以创新性、创造性的工作把浙江省打造成新时代“富春山居图”。

健全浙江省生态补偿机制的对策建议*

刘琼　沈满洪　钱志权**

生态补偿机制是生态产品价值实现的主要渠道，是乡村共同富裕的实现手段，是生态文明制度建设的标志性成果。浙江省生态补偿机制的现实基础与理想模式尚有较大差距，改进潜力很大。针对补偿主体单一问题，要建立政府、企业、居民多元补偿机制；针对补偿方式单一问题，要建立政府补偿、市场补偿和社会补偿的多渠道补偿机制；针对受偿主体单一问题，要建立政府、企业、居民多元受偿机制；针对补偿金额偏低问题，要完善补偿金额测算方法，做到“应补尽补”。

一、健全浙江省生态补偿机制的必要性

1. 生态补偿机制是生态产品价值实现的主要渠道

生态补偿的实质是依据“谁受益，谁付费；谁保护，谁获偿”的原则，将绿水青山中蕴含的“不可计量”的生态产品价值转变为“可计量”的经济利益。在产权明晰且交易成本较低的情况下，生态补偿可采用开展水权交易、碳汇交易、排污权交易等市场化实现手段，早在2005年浙江省相关条例中就已将资源使（取）用权、排污权交易等方式纳入补偿机制中。从这个意义上来说，生态补偿已成为生态产品价值实现的主渠道，生态补偿机制的完善将大大推动生态产品价值实现。

2. 生态补偿机制是促进乡村共同富裕的实现手段

作为浙江省重要生态屏障，山区26个县中，有11个县属于国家重点生态功能区，为全省生态安全做出了巨大贡献。但由于开发受限，山区26个县丧失了很多发展机会，成为共同富裕示范区的重要短板。通过财政转移支付、产权市场化交易、生态扶贫工程、发展生态农业和旅游业等生态补偿机制，可以将山区26个县拥有的丰富生态资源，转化为农民实实在在的经济收益，加快促进这些地区的乡村振兴和共同富裕。

---

* 本文获得浙江省领导批示。

** 作者简介：刘琼，浙江农林大学浙江省乡村振兴研究院研究人员；沈满洪，浙江农林大学党委书记，浙江农林大学浙江省乡村振兴研究院研究员，浙江农林大学生态文明研究院院长、教授；钱志权，浙江农林大学浙江省乡村振兴研究院副教授。

3. 生态补偿机制是浙江省生态文明制度的标志性成果

早在 2003 年，习近平同志提出浙江省建设生态省的战略构想，生态补偿机制就是其中的重要手段。2004 年，开始探索实施生态公益林补偿机制。2005 年，率先建立生态环保财力转移支付制度。2008 年，成为全国第一个实现省内全流域生态补偿的省份。2014 年，实施重点生态功能区建设财政政策。2015 年，在全省全面推广实施与污染物排放总量挂钩的财政收费制度。2017 年，建立健全绿色发展财政奖补机制和省内流域上下游横向生态保护补偿机制等。通过生态补偿机制建设，创造了安吉余村、杭州西溪湿地、新昌镜岭镇、嘉善姚庄镇等“两山”转换经典案例以及“一亩山万元钱”等生态富民模式，实现了从“卖木材”到“卖生态”、从“穷山沟”到“聚宝盆”、从“美丽风景”到“美丽经济”的华丽转变，生态补偿机制成为浙江省生态文明建设的重要标志。

二、浙江省生态补偿机制存在的突出问题

1. 补偿主体局限于政府，受益企业和居民参与少

浙江省生态补偿主体以政府为主，表现为上级政府对下级政府，以及政府与政府之间的财政转移支付，以企业和居民为补偿主体的补偿极少。以政府为补偿主体的方式依赖财政投入，难以覆盖生态保护成本，更难以补偿当地政府、企业和居民损失的机会成本，无法满足补偿领域增加和补偿标准提高的现实需求，影响各主体生态保护的积极性。理论上只有在生态受益主体不易确定的时候，需要积极发挥政府的作用，承担补偿主体的角色。在生态受益主体容易确定时，应由生态受益主体进行生态补偿。

2. 生态产权交易等市场化机制尚未正常运转

浙江省作为市场化建设走在全国前列的省份，生态补偿方式仍然以政府为主导，生态产权的市场化交易机制建设相对落后。一是排污权交易方面，政府储备和出让排污权，二级市场交易冷淡。2021 年浙江省累计排污权有偿使用和交易 6.8 万笔，金额达 126 亿元，占全国的 50%左右。但二级市场企业与企业之间的交易次数不足总交易的 5%，而同年同为试点地区的湖南省和福建省二级市场交易占比分别高达 40%和 65%。二是用能权交易方面，政府高度支配与监控市场，交易主体仅包括县级以上人民政府和相关用能单位，且交易均需在政府参与下进行，交易价格近似政府行政手段而非市场定价。故实际交易以企业和政府之间的交易为主，企业之间自由开展交易数量极少，排污成本最小化的市场化制度优势未能实现。三是碳排放权交易方面，浙江省尚未成为试点省份，且存在交易模式单一、市场供需失衡等问题。如 2021 年 12 月底，安吉首期竹林碳汇收储（含预收储）规模 14.24 万亩，30 年合同金额达 7 230.79 万元，但认购企业仅 3 家，合计缴纳购碳资金只有 41.6 万元。

3. 受偿主体局限于政府，企业和居民受补率极低

在浙江省生态补偿实践中，除了生态公益林的补偿资金主要部分补给了林农、直接发放到相关农户的公益林补偿资金卡（存折）中外，其他生态补偿资金基本上是由上级政府补偿给下级政府，并主要用于生态和环境保护工程建设，企业和居民获益甚少。良好的生态环境是政府、企业和居民共同保护的结果，企业和居民不仅因保护标准提高而承担了更高的环境投入，还为此放弃了诸多发展机会，为生态保护做出了牺牲。如在千岛湖生态保护中，部分企业被关停、搬迁和改造，居民也因工业发展的滞后遭受了收入损失。千岛湖引水工程通水后，淳安县已经从山区 26 个县的最前变成最后列。若做出生态保护贡献的企业和居民不能获得相应生态补偿，就不能被充分激励，其生态保护积极性将被大大挫伤，并可能过度使用和破坏生态资源。

4. 补偿金额远低于理论测算值，生态保护者没有得到足够补偿而受益者没有尽到足够责任

生态补偿金额需考虑生态系统服务价值、生态保护成本和发展机会成本，但浙江省补偿金额的确定与理论研究和生态补偿内涵界定基本无关，且由于资金主要来源于政府，其他受益者的补偿责任未落实，实际补偿额度和应补额度之间存在较大差距。如 2017 年淳安县获得来自中央、省、市和各类专项生态补偿资金约 7 亿元，所获资金在县域层面位居全国前列，但即便如此，这一补偿额度也远在沈满洪教授团队采用五种方法测算出的水生态应受偿资金的标准区间（11.11 亿～28.40 亿元）之外。除补偿标准偏低之外，生态产品价值实现程度也较为有限。如 2018 年，湖州安吉县公布 GEP 为 401.11 亿元，但当年节能环保支出 4 744.03 万元，获得公益林补偿金、水库水源地保护补偿金、基本农田保护补偿金、省生态环境保护专项资金分别为 2 211 万元、2 500 万元、2 471 万元、813 万元，共计约 1.274 亿元，仅占 GEP 的 0.318%，即使水库水源地保护补偿金按自 2018 年后提升至 4 500 万元计算，总补偿资金也只占 GEP 的 0.367%。此外，实现的生态利益也没有通过有效的补偿机制补偿给生态利益制造者。这使得政府、企业和居民收到的生态补偿额度都较低，并没有得到真正意义上的补偿。

三、完善浙江省生态补偿机制的对策建议

1. 扩大补偿主体，建立多元生态补偿机制，解决“谁来补”的问题

政府不应是生态补偿唯一的责任主体，需积极探索多元主体参与的市场补偿机制，实施市场补偿或政府补偿与市场补偿相结合的方式。一是按照“谁受益，谁付费”的补偿原则，在生态保护受益主体明晰、生态效益可计量的场景下，试行由受益者补偿的方式。如千岛湖配水工程等一系列引水工程中，谁用水和用多少等信息均十分明确，可以在水价基础上加上生态补偿价，由用水企业和居民按照用水量进行付费。二是执行生态

损害赔偿政策，提高破坏生态环境违法成本，开展生态环境损害赔偿案例实践，实现“让破坏者买单”。总体而言，要推动市场在生态补偿中逐渐占主导地位，充分发挥其补偿主体多元化、补偿机制具有激励性、补偿资金具有可持续性等优点。

2. 完善市场机制，推进生态产权交易制度，解决“怎么补”的问题

一是推动排污权交易市场化。政府储备和出让排污权不利于二级交易市场发挥主导作用，如福建省政府并不参与排污权交易，从而保证了二级市场的活跃度。推进实行以企业为主导的排污权交易方式，探索更合理的排污权初始分配，推动统一交易和竞价平台运行，从各个环节降低二级市场交易成本，促进企业自由交易排污权。推动省内排污权跨区域交易，并逐步扩大至长三角等区域交易市场乃至全国范围的排污权交易市场。二是推动用能权交易市场化。纳入更多用能单位，推出存量交易和租赁交易机制，从而将目前仅包含增量交易对象扩充至包含已有高能耗单位。扩大市场交易主体，逐步尝试允许其他各类企业、节能服务公司、银行、投资公司等机构组织参与用能权二级市场交易。借鉴域外白色证书等制度，在控制能耗总量的基础上，形成真正的交易市场，使不同节能边际成本的企业能耗互通，达到社会节能成本最小化的目的。降低二级市场交易成本，探索更高效便捷的交易步骤，提高企业交易积极性，增加市场活跃度。三是加快转变减排政策。现有非强制性的减排政策无法促使足够的企业进入碳汇交易市场，无法起到节能减排的实际作用。建议从自愿减排逐步过渡到强制减排，并采用绿色标识和财政补贴的方式激发企业积极性。明确用能权交易与碳交易之间的关系，推动能源消费总量和强调控制向碳排放总量和强度控制转变，避免增加企业负担，提高企业参与市场交易的积极性。

3. 扩大受偿主体，充分调动各主体积极性，解决“补给谁”的问题

政府、企业和个人都应该被纳入受偿主体体系中。要充分意识到生态环境保护者和生态产品提供者的生态环境投入成本与丧失的发展机会成本，尤其是要意识到对机会成本的补偿。在分配来自中央、浙江、杭州政府和其他明确的受益企业和个体的生态补偿资金时，分别考察政府由于生态保护引致的财政投入和税收损失、企业由于更高的环保标准承受的利润损失以及居民尤其是农村居民由于农业活动受限而受到的收入损失，以此为依据分配生态补偿资金，使得“谁保护，谁受益”的原则真正得到贯彻，充分提高政府、企业和居民生态保护的积极性。

4. 完善测算方法，制定科学合理补偿标准，解决“补多少”的问题

合理的生态补偿标准是激发生态保护积极性、确保生态系统持续发展的重要基础。提高生态补偿标准的前提之一在于完善科学的核算方法，既需要严谨的理论分析，也要考虑补偿方的支付能力和意愿，使补偿标准既科学合理，又切实可行。建议浙江省设立补偿标准计算数据库，选择较为成熟的计算方法，得出可供参考的补偿标准区间。以水

资源补偿为例，一方面可选择机会成本法、排污权价格法和水权交易法等多种客观测算方法，对宏观数据根据相应方法进行加总直接得出理论测算结果。另一方面可根据支付意愿法，对受益地区群体定期进行问卷调查，获得根据支付意愿测算出的补偿结果。这种采取多种核算方法的方式可降低不确定性和提高准确性，建立动态性的补偿标准体系，且能够避免对复杂环境物品的价值估算，测算得出的补偿标准区间相对科学合理，具有很好的应用参考价值。

实现“双碳”目标贵在统筹兼顾*

沈满洪**

为继续深入学习宣传贯彻习近平新时代中国特色社会主义思想，进一步凝聚向第二个百年奋斗目标进军的强大力量，在中央网络安全和信息化委员会办公室网络传播局的指导下，光明网开设“实践新论·非凡十年”网上理论传播专栏，持续推出系列理论解读文章和新媒体产品，充分阐释马克思主义中国化新的飞跃，系统总结十年来“中国之治”的伟大成就，为党的二十大胜利召开营造浓厚氛围。

推进碳达峰碳中和，是以习近平同志为核心的党中央统筹国内国际两个大局作出的重大战略决策，是贯彻新发展理念、构建新发展格局、推动高质量发展的内在要求。党的十八大以来，习近平总书记就走绿色低碳发展道路发表了一系列重要论述，作出了一系列重要部署，为推进“双碳”工作提供了科学指引。党中央出台了《关于完整准确全面贯彻新发展理念做好碳达峰碳中和工作的意见》，批准了《2030 年前碳达峰行动方案》，推动经济社会发展全面绿色转型，取得了显著成效。

正如习近平总书记所强调的，“绿色低碳发展是经济社会发展全面转型的复杂工程和长期任务。实现碳达峰碳中和目标要坚定不移，但不可能毕其功于一役，要坚持稳中求进，逐步实现”，我们必须坚持统筹兼顾原则，系统推进“双碳”目标如期实现，进而推进经济社会发展实现全面绿色转型。

一、统筹兼顾“双碳”目标和发展目标

实现“双碳”目标不是只要应对气候变化、不要推动经济发展，而是既要应对气候变化，又要促进经济发展。这就要求我们：一方面，要努力追求在“双碳”目标给定下的经济成本最小化。如果“不惜一切代价”实现“双碳”目标，其实很简单，只要停止化石能源的使用，回到农耕社会，但这显然是不现实、不符合经济社会发展规律的。因此，我们应始终去努力探索如何以最小成本与代价实现“双碳”目标。另一方面，努力追求在发展目标给定情况下的碳排放最小化。只要我们始终坚持经济高质量发展道路，坚持走绿色低碳化转型之路，就能够做到碳排放的最小化或者最优化。因此坚定不移走

---

* 本文刊于光明网，2022 年 7 月 20 日。

** 作者简介：沈满洪，浙江农林大学党委书记、浙江农林大学浙江省乡村振兴研究院研究员、浙江农林大学生态文明研究院院长、教授。

高质量发展之路是实现“双碳”目标的最佳选择。

那么，如何实现兼顾？坚持低碳科技创新是重要路径。通过低碳科技创新，提高收益，降低成本，实现从高碳科技向低碳科技的转变，进而实现从高碳经济向低碳经济的转变及低质量发展向高质量发展的转变。

二、统筹兼顾碳达峰目标和碳中和目标

“双碳”目标是“碳达峰”和“碳中和”两个相对独立又相互联系的目标。

“二氧化碳排放力争于2030年前达到峰值”，这意味着，大致上2030年实现碳达峰，如果有条件可以提前，但是实现这一目标是需要努力争取的。需要指出的是，发达国家大多已经实现碳达峰，它们属于从工业化向后工业化转型过程中的自然达峰。而中国仍然处于工业化后期，消费耗能处于增长阶段，因此中国是在快速城镇化、工业化的同时，通过主动减排以实现碳达峰。这就意味着中国实现碳达峰，需要非凡的努力，需要付出更高的代价。这也正是中国对世界的贡献。

需要强调的是，从碳达峰到碳中和的过渡期，发达国家普遍要用大约50～70年，中国安排自己的过渡期仅用30年。这对于一个发展中国家而言，是一个非常积极且有挑战的方案。

碳达峰的时间节点确定后，关键就是确定“峰值”。峰值定低了，近期发展压力加大，远期碳中和目标的实现就容易了；峰值定高了，近期发展压力相对较小，远期碳中和目标实现的难度就加大了。碳达峰的峰值确定后，关键就是确定“时间”。时间提前，近期难度加大，远期难度减小；时间延后，近期难度减小，远期难度加大。所以，国家层面要统筹确定碳达峰的峰值及达峰时间，区域层面要统筹确定各地的碳达峰时间及峰值，不能搞“一刀切”。

三、统筹兼顾碳减排和增碳汇

碳中和是人为排碳量与人为增汇量相等时的状态。碳排放量趋于零，即使没有碳汇增量，是碳中和；碳排放量减小到一定程度，被新增碳汇所吸收，也是碳中和。由于二氧化碳的边际减排成本曲线是一条以递增的速度上升的曲线，试图达到碳零排放的边际成本可能是极高的甚至是无穷大的。因此，实现社会利益最大化的边界是二氧化碳边际减排成本与碳汇边际增汇成本相等时，也即统筹碳减排和增碳汇就是寻找边际成本相等点。

碳中和必然是碳减排和增碳汇相向而行的过程。碳减排和增碳汇都是基于科技创新。一方面，是碳减排。一是通过能源结构优化和能源效率提升实现碳减排；二是通过产业结构优化转向高质量发展实现碳减排；三是通过消费结构优化从高碳消费转向低碳消费实现碳减排；四是通过科技创新从高碳技术转向低碳技术实现碳减排。另一方面，就是

增碳汇。一是通过森林生态系统、湿地生态系统、农地生态系统、海洋生态系统的生态修复和环境治理实现生态系统增汇；二是通过碳捕捉、碳封存、碳填埋、碳利用等工程技术手段实现工程系统增汇。

四、统筹兼顾改善能源结构和提高能源效率

碳排放总量的80%以上来自能源，我国化石能源又占能源碳排放的85%左右。我国是煤炭大国，煤炭能源又占化石能源的70%左右。由此可以说，碳减排的根本任务在于能源革命。

能源革命的第一个方向是推进能源结构优化，从化石能源转向非化石能源。要大力发展太阳能、风能、生物质能、潮汐能、氢能等，适当发展水能、核能等。能源革命的第二个方向是推进能源效率提升。从我国自身纵向比较，我国的能源效率有了大幅度提升；从国际之间的横向比较，我国单位 GDP 能耗是世界平均水平的 1.5 倍。这个差距就是潜力，通过技术创新以更低的能耗带来更大产出，就是我们的目标。

总体来说，能源革命过程中上述两个方面的工作都要大力推进，但近期的目标应该重在提高能源效率，远期的目标重在优化能源结构。

五、统筹兼顾生态碳汇和工程碳汇

无论是生态碳汇还是工程碳汇，实现碳中和的功能是一样的。所不同的是，增碳汇的成本是不同的。如果生态系统增汇的成本低于工程方法增汇，那就优先发展生态系统增汇产业；反之，则优先发展工程方法增汇事业。从目前的技术状况看，生态系统增汇成本相对更低，因此，短期内可以探索优先发展生态系统增汇技术和增汇产业；从长远来看，工程方法增汇具有无限潜力，因为技术进步具有无限的潜力。因此，片面强调生态系统碳汇或工程方法碳汇都是不妥的。正确的态度是统筹兼顾生态碳汇与工程碳汇，选择边际增汇成本相对低廉的碳汇增汇技术。

六、统筹兼顾碳减排和污染治理

发达国家的工业化经历两三百年的时间，走的是一条“先污染，后治理”“先治污，后减碳”的路子，且碳达峰是自然达峰，是产业结构变化、能源结构变化、城市化完成、人口减少而自然形成的达峰。而我国还处于工业化后期，污染治理的任务并未完成，减碳的目标又提上了议事日程。我国面临着污染防治攻坚战、生态产品有效供给、实现“双碳”目标多重任务叠加的重重包围。

如何突破重围？根本方法就是统筹兼顾降碳、治污、扩绿。从经济学上讲，降碳、治污、扩绿等分别治理或分阶段治理的成本要高于统筹治理的成本，就好比建设一个化

工厂，在有环境规制前提下，必须考虑环境代价，具体有两种模式：“分治模式”下先治理二氧化硫、氮氧化物等污染物，再治理二氧化碳；“统治模式”下就是二氧化硫、氮氧化物、二氧化碳等废气一并治理。“分治模式”需要分别上马污染物或温室气体处理设施，“统治模式”下可以共享某些设施，从而实现成本节约的目的。

因此，企业发展要努力谋求以环境目标为主的绿色发展、以资源目标为主的循环发展、以气候目标为主的低碳发展的统筹兼顾，以实现范围聚焦效果。

七、统筹兼顾低碳科技创新和低碳制度创新

无论是碳减排还是增碳汇，无论是优化能源结构还是提高能源效率，无论是产业结构升级还是消费结构优化，都离不开低碳科技创新。科技创新不到位，要么是“高碳而经济”，要么是“低碳不经济”；科技创新到位，才能实现从“低碳不经济”向“低碳且经济”的转变。

在技术状况给定的情况下，低碳制度创新也可以改变生产者和消费者的行为选择。征收高碳税，可以遏制高碳产业的发展和高碳产品的消费；提供低碳补助，可以激励低碳产业的发展和低碳产品的消费；实施碳排放权交易制度，可以激励企业将稀缺的碳排放权配置到能够带来更高碳生产率的企业那里，从而实现社会福利的最大化。

与此同时，低碳制度创新还可以通过激励低碳科技创新发挥作用。低碳补贴制度就可以激励企业低碳科技创新积极性，进而加快低碳产品的研发和生产，丰富市场的低碳产品，促进低碳消费形成时尚。

因此，要统筹兼顾低碳科技创新和低碳制度创新，使二者能够互促互进，同时要注重让低碳制度创新发挥实现“双碳”目标的重要保障作用。

为“两个先行”奠定坚实的绿色基础*

沈满洪**

党的十八大以来，浙江自觉践行“绿水青山就是金山银山”理念，始终如一贯彻落实“八八战略”，在守住生态绿色主线的前提下实现生态文明建设战略目标的迭代升级：建成全国首个生态省，实现了从“生态浙江”到“美丽浙江”再到“诗画浙江”的升华。从三位党代表所讲的故事中，可以得出三个结论：

绿色成为共富的禀赋。宋昌美代表讲的安吉白茶故事表明，良好的生态环境是人人可以感知的普惠福祉，良好的生态环境是生产生态农产品实现农民好收成的必要条件，良好的生态环境还能以白茶为载体实现结对帮扶走上共同富裕之路。我们既要保护和保持生态优势，又要用足和用好生态优势。

循环成为自觉的追求。林燚代表讲的生态高效农业故事表明，历史上的传统农业“循环但低产”，工业革命以来的现代农业“高产不循环”，生态文明时代的农业发展追求“循环且高产”。如何在化肥、农药减量化使用的背景下实现“循环且高产”？必须依靠绿色科技创新和绿色制度创新。我们必须掌握“创新驱动”循环发展这一密钥。

低碳成为生活的时尚。徐川子代表讲的低碳生活故事表明，经济社会的绿色低碳转型是全社会的责任，只有人人动员起来，才可能化整为零，以相对低廉的成本实现碳达峰碳中和的宏伟目标。因此，绿色低碳发展理念必须让每个人内化于心并外化于行。

正是由于三位党代表说的这些点点滴滴的小故事汇聚成强大的力量，使得浙江通过腾笼换鸟、脱胎换骨实现了浴火重生、凤凰涅槃，走上了绿色循环低碳的高质量发展之路，为浙江“两个先行”奠定了坚实的绿色基础。

---

* 本文刊于《浙江日报》2022 年 10 月 10 日第 1 版。

** 作者简介：沈满洪，浙江农林大学党委书记，浙江农林大学浙江省乡村振兴研究院研究员，浙江农林大学生态文明研究院院长、教授。

生态文明建设的认识论、方法论和实践论*

沈满洪**

党的十八大报告和党的十九大报告都十分重视生态文明制度建设。基于我国生态文明制度体系已经基本建立并不断完善的国情，党的二十大报告着重阐述了生态文明建设实践的四个重点领域。推进美丽中国建设要以生态文化为引领，以生态经济为重点，以生态环境为基础，以生态人居为追求。

习近平总书记所作的党的二十大报告，概要总结了党的十八大以来我国生态文明建设所取得的重大成就，即坚持"绿水青山就是金山银山"的理念，坚持山水林田湖草沙一体化保护和系统治理，生态文明制度体系更加健全，生态环境保护发生历史性、转折性、全局性变化。在此基础上，习近平总书记系统阐述了我国未来生态文明建设的认识论、方法论和实践论。

一、坚持正确的认识论，牢固树立人与自然和谐共生理念

树立正确的认识论，就可以准确把握自然发展规律、经济发展规律和社会发展规律。在党的十九大报告基础上，党的二十大报告再次强调"坚持人与自然和谐共生"，这一方略把准了生态文明建设的总钥匙。

坚持人与自然和谐共生，要求我们正确认识自然、正确认识人类、正确认识人类与自然的关系。大自然是人类赖以生存发展的基本条件。自然可以没有人类，人类不可以没有自然。正因为如此，习近平总书记反复告诫我们："尊重自然、顺应自然、保护自然"，甚至要求我们要"敬畏自然"。

坚持人与自然和谐共生，必须牢固树立和践行"绿水青山就是金山银山"的理念。"自然"集中反映在与"绿水青山"密切关联的生态环境保护上，"人类"集中反映在与"金山银山"密切关联的经济社会发展上。在条件许可的情况下，要坚持"兼顾论"，即"既要绿水青山又要金山银山"，实现生态环境保护与经济社会发展的兼顾；在条件不许可的情况下，要坚持"优先论"，即"宁要绿水青山不要金山银山"，做到"生态优先"；总体的发展和演变趋势则是"转化论"，即"绿水青山就是金山银山"，既要追求经济生

---

* 本文刊于《中国青年报》2022年10月18日第9版。

** 作者简介：沈满洪，浙江农林大学党委书记，浙江农林大学浙江省乡村振兴研究院研究员，浙江农林大学生态文明研究院院长、教授。

态化，又要追求生态经济化，实现绿色发展。

坚持人与自然和谐共生，必须坚决做到“生态优先，绿色发展”，真正认识到：保护生态环境就是保护生产力，改善生态环境就是发展生产力。只有这样，才能以正确的认识论指导正确的政绩观，以正确的政绩观激励正确的生态文明建设的伟大实践。

二、坚持正确的方法论，以系统方法推进美丽中国建设的各方面和全过程

推进美丽中国建设既是现代化建设系统工程的重要组成部分，其本身又是一个庞大的系统工程。党的十八大报告首次提出“建设美丽中国”，党的十九大报告再次强调“建设美丽中国”，党的二十大报告进一步阐述“推进美丽中国建设”。“美丽中国”明确了我国生态文明建设的目标，形成了生态文明建设的共同理想。一方面，“美丽中国”是“建设富强民主文明和谐美丽的社会主义现代化强国”的重要组成部分。诚如习近平总书记所讲的，中国式现代化是人与自然和谐共生的现代化，因此，生态文明建设要贯穿和渗透于经济建设、政治建设、文化建设和社会建设的各方面和全过程。另一方面，“美丽中国”建设本身就是一个伟大的系统工程。我们要以生态文化为引领，以生态经济为重点，以生态环境为基础，以生态人居为追求，要不断满足人民日益增长的优质生态产品、优质生态环境、优质生态人居的需要。

生态系统存在多样性和多层次性，要坚持山水林田湖草沙一体化保护和系统治理。生态系统的子系统与子系统之间、子系统与环境之间、物种与物种之间存在高度的相互依存关系，形成一系列相互联系、相互影响的“食物链”和“食物网”。习近平总书记在党的十八届三中全会上的讲话中指出：“山水林田湖是一个生命共同体，人的命脉在田，田的命脉在水，水的命脉在山，山的命脉在土，土的命脉在树。用途管制和生态修复必须遵循自然规律，如果种树的只管种树、治水的只管治水、护田的单纯护田，很容易顾此失彼，最终造成生态的系统性破坏。”这就要求我们必须以系统观念、系统思维、系统方法来解决长期存在的“九龙治水”“九龙治海”“环保不下水，水利不上岸”等部门分割问题，要求我们统筹兼顾地上地下、岸上水下、陆地海洋、上游下游、左岸右岸，通过“一体化保护和系统治理”实现“1＋1＞2”的系统优化效果。

统筹产业结构调整、污染治理、生态保护、应对气候变化，协同推进降碳、减污、扩绿、增长。第一，环境污染根源在于生产和生活，只有通过生产方式和生活方式的变革才能实现环境改善，因此要统筹经济增长和污染治理。第二，节能、降碳和治污往往具有经济学意义上的“范围经济”效果，几个方面“分治”的效果之和往往不如“统治”的效果。第三，节约和减排具有方向上的一致性。在一定程度上，资源能源的减量化使用就是废弃物的减量化排放。因此，要大力推进各种资源的高效节约集约利用。

三、坚持正确的实践论，以问题导向推进生态文明建设重点突破

党的十八大报告和党的十九大报告都十分重视生态文明制度建设。基于我国生态文明制度体系已经基本建立并不断完善的国情，党的二十大报告着重阐述了生态文明建设实践的四个重点领域。

1. 加快发展方式绿色转型

党的十八大以来，我国总体上完成了从“黑色增长”向“浅绿色发展”的转型，但是目前尚未转向“深绿色发展”。我国实现了碳排放强度的递减，但尚未实现碳排放总量的递减。未来 5 年是“浅绿色发展”与“深绿色发展”并存、“绿色化”与“低碳化”并存的多重任务叠加时期，必须通过绿色科技革命、低碳能源革命实现生产方式和消费方式的绿色低碳转型。没有经济发展的绿色低碳转型，就不可能做到 2030 年前实现碳达峰、2060 年前实现碳中和的宏伟目标。加快推动绿色低碳转型是生态文明建设向纵深推进的重要标志。

2. 深入推进环境污染防治

在以习近平同志为核心的党中央的坚强领导下，我国的生态环境质量实现了“天更蓝、山更绿、水更清”。但是，生态环境质量有待进一步改善，资源能源效率有待进一步提高，仍需要持续深入打好蓝天、碧水、净土保卫战，确保生态环境质量持续好转且不至于反弹。深入推进环境污染防治是生态文明建设向更高标准迈进的重要标志。

3. 提升生态系统多样性、稳定性、持续性

我国在重大生态屏障保护、自然地保护、生态修复工程建设等方面已经取得了显著成效。构建人与自然命运共同体，就要求把生物多样性保护提上重要议事日程，不仅立足于当前的生态安全，而且还要立足于长远的生态可持续发展。党的二十大报告就此做出了谋划，强调“加快实施重要生态系统保护和修复重大工程，实施生物多样性保护重大工程”。加强生物多样性保护是一项固本强基工程。提升生态系统多样性、稳定性、持续性是谋求生态文明建设泽被子孙、更可持续的重要标志。

4. 积极稳妥推进碳达峰碳中和

我国的工业化进程远远迟于发达国家。发达国家往往是先工业化、再绿色化、然后再低碳化，我国则面临着工业化、绿色化、低碳化多重任务叠加的形势，这就要求我们必须采取非常手段、非常措施来推进碳达峰碳中和工作：一是推进能源革命，提高能源效率，改善能源结构，加快构建绿色低碳能源体系；二是推进产业转型，以壮士断腕、腾笼换鸟的决心实现产业绿色低碳转型；三是推进科技革命，通过绿色低碳科技创新达

到“绿色且经济”和“低碳且经济”的目的；四是推进制度创新，进一步完善和优化绿色低碳制度体系，实现制度创新的迭代升级。积极稳妥推进碳达峰碳中和是创新能力、治理能力的重要标志。

上述四个重点领域中，加快推动绿色低碳转型、深入推进环境污染防治属于在原有基础上提高标准和要求，提升生态系统多样性稳定性持续性、积极稳妥推进碳达峰碳中和则属于新时期生态文明建设的新的重点。这充分表明，我国生态文明建设在继承中改革创新，在传承中迭代升级。

生态文明制度绩效低下的根源及对策

——来自国家生态文明试验区的调查研究

沈满洪　钱志权　孔令乾*

福建、江西、贵州三个国家生态文明试验区建设历时5年。试验区生态环境持续向好，多个生态环境指标处于全国领先位置。截至2021年年底，试验区各省已经形成了丰富多样的生态文明制度体系。但对照试验区的目标定位，生态文明制度绩效亟待提高。

一、国家生态文明试验区制度绩效不如人意

1. 生态产品价值实现程度有限

一是基于财政制度的生态补偿力度很小。抚州市2017年生态生产总值（GEP）为3 483亿元，获得上级转移支付19.4亿元，全市流域生态补偿资金0.054亿元，仅占GEP的0.56%。2018年，贵州省实施GEP试点的大方县、都匀市、赤水市、江口县和雷山县生态补偿占GEP比重均不足1%，赤水市获得上级生态补偿资金2.96亿元，仅占GEP的0.62%。二是基于市场制度的环境产权交易规模极小。福建省2019—2021年排污权交易额分别为1.02亿元、2.3亿元、2.42亿元，只是GEP的九牛一毛；贵州省和江西省分别于2014年和2016年开始排污权交易试点，但总体上收效甚微。福建、江西和贵州年均可交易碳汇分别达到2 800万吨、3 713.8万吨、3 023.79万吨，三省仅个别地区开展碳汇交易，比如福建省2016年至2021年累计成交283.9万吨，成交额仅0.42亿元。贵州单株碳汇项目，实现交易70万吨，交易额仅0.12亿元。三省用水权交易的规模和金额都很少。江西2021年累计成交水量1 673万立方米，累计成交额仅0.02亿元。可见，试验区的生态产品价值实现极其有限。

2. 自然资源生产效率亟待提高

资源生产率是指每单位资源的产出数量、产出价值、企业利润或政府税收等。在自然资源生产率方面，2020年福建、江西、贵州每平方千米的土地产值分别为3 619.4万

* 作者简介：沈满洪，浙江农林大学党委书记，浙江农林大学浙江省乡村振兴研究院研究员，浙江农林大学生态文明研究院院长、教授；钱志权，浙江农林大学浙江省乡村振兴研究院副教授，硕士生导师；孔令乾，浙江农林大学浙江省乡村振兴研究院研究人员，硕士生导师。

元、1 538.4 万元、1 012.9 万元。三省中效率最高的福建省，土地资源生产率不及浙江的 1/2、江苏的 1/3。2020 年福建、江西、贵州万元 GDP 能耗分别为 0.32 吨标准煤、0.38 吨标准煤、0.57 吨标准煤，与广东和江苏等发达省份相比差距更大。2020 年福建、江西、贵州万元 GDP 的用水量分别为 41.68 立方米、95.01 立方米和 50.54 立方米，分别是全国用水效率最高的浙江的 1.64 倍、3.74 倍、1.99 倍。在环境资源生产率方面，2020 年福建、江西、贵州每亿元工业固体废弃物排放量分别为 7.27 万吨、2.13 万吨、1.87 万吨，每亿元氮氧化物排放量分别为 0.17 吨、0.091 吨、0.065 吨，处于全国平均水平，远低于资源效率领先省份。在气候资源生产率方面，2020 年福建碳生产率为 1.52 万元/吨，与生产率较高的广东 1.83 万元/吨相比也存在较大差距，江西、贵州则远低于全国平均水平。可见，试验区的自然资源生产率发挥不了引领作用。

3. 自然资源产权交易制度尚未全面试验

一是尚未完全建立“一张表一本账”，自然资源家底没有摸清。福建、贵州和江西已先后开展了自然资源资产清查试点，但均未完成全省自然资源资产清查工作。二是市场意识不强，统一的自然资源产权交易机制尚需完善。福建、贵州和江西已初步建立了各自的公共资源交易体系，但“有场无市”。三是环境权益交易处在试点状态，有试点无交易。福建、贵州和江西均在推行排污权、用水权、用能权、碳排放权交易，各地（市）也在积极试点推进，但多数处于有试点无交易的状态。这与全国的情况相似：排污权制度改革试点进行了 30 多年、水权交易制度改革试点进行了 20 多年，既不否定，停止试点；也不肯定，予以推广。可见，自然资源产权交易制度没有达到“全面试验”的程度，而是处于“局部试点”的状态。

二、国家生态文明试验区制度绩效低下的根源

1. 制度冲突

一是“多规合一”流于形式导致规划目标冲突。试验区各省均已开展“多规合一”改革，但“一女多嫁”现象时有发生。六盘水市违规为贵州盘江新光公司等 5 家企业办理焦化项目备案手续，2025 年全市焦化产能将达到 1 400 万吨，远超贵州省“十四五”时期 950 万吨的规划产能限额。二是耕地占补平衡制度与生态环境保护制度的冲突导致“逼良为娼”。试验区几乎无可开发土地，为缓解建设用地供需矛盾，地方随意毁林占地、破坏湿地、破坏植被。贵州省清镇市 2020—2021 年违法违规占用林地 171 公顷，涉案 121 件，居全国首位。宁德市为了给建设项目腾出空间，两次擅自违规调整自然保护区范围和功能区划，导致自然保护区面积累计锐减 94%。三是生态文明制度间缺乏相互配合。试验区对于“三线一单”制度实施不力。江西赣州市大余县屡次突破规划红线，2018 年以来违规占地近 900 亩建设工业园区，其中侵占林地 300 余亩。

2. 制度拥挤

试验区的生态文明制度是“多了”。一是生态文明制度太多，而主导性制度不清晰，存在诸多制度“浑水摸鱼”现象。比如“生态红线”“河长制”等规定，同原有法律制度关系不清晰。二是制度实施中，针对同一个问题，出现多个层面多种类型的制度。不同层级的党委巡视、人大督察、政府督察、政协督察及部门督察等多级生态环境督察并存，基层党委政府接待督察应接不暇，无心无力谋求绿色发展。三是尚未把党的全面领导和监督融合到环境法律中，并使环境法律同相关党规有效衔接。中央生态环境保护督察、河长制、领导干部环境责任追究等，在法律制度文本及其实施中，都存在这类党政环境职责和法律责任恰当归属问题。

3. 选择性制度改革

试验区生态文明制度改革存在选择变通的现象。对上争取资源的制度建设用足用好，依靠自我革命的制度建设设法回避。一是搞变通。2017 年，江西省发改委规定“年度能耗总量控制目标未完成的地市为高耗能项目限批缓批区”。2020 年又同意缓批限批地区申请节能审查时可先出具政府承诺函，开工前再补充能耗替代方案。九江赛得利（中国）公司等 7 个高耗能项目到建成投产时也未能提供能耗替代方案，节能承诺成为一纸空文。二是不作为或慢作为。南昌市对于中央环保督察多次曝光的生活污水直排问题消极应对。本应 2017 年完成的管网建设任务，直到 2019 年 6 月底才编制完成规划。2018 年至 2020 年，雨污合流管网改造仅完成 16%，老旧污水管网改造仅完成 56.2%。三是乱作为。福建省华安县对于漳州友利石墨有限公司废气长期超标排放问题敷衍应对，为应付环保督察伪造会议纪要。

4. 实施机制缺失

没有实施机制的配套，生态文明制度建设就可能落空。一是信息披露机制不健全。试验区生态环境信息披露主体分散，环境信息披露工作未能系统化推进。二是评价考核机制缺失。试验区建设的推进、督办和评估机制不健全，对试验区建设的群众满意度心中无数。“改革方案印发了，改革任务就完成了”的现象依然存在。三是奖惩力度不足。江西永丰县政府担心企业受行政处罚而不能享受退税政策，相关部门只检查、不处罚，多家企业违法行为长期不整改。

三、提升国家生态文明试验区制度绩效的对策

1. 加强顶层设计，加快完善生态文明制度体系

一要注重制度的上下衔接。地方性法律规章的制定不能违背上位法，而且要不折不扣地实施好；只要上位法没有禁止性规定的，试验区都要大胆探索。二要注重制度的刚

柔相济。要遵循制度演化规律，在生态环境质量显著改善的情况下，要尽快从管制性手段为主转向经济性手段为主，以提高制度绩效。三要注重制度的相互匹配。法律等正式制度要与理念等非正式制度相匹配，信息公开等实施机制要与正式制度相匹配。四要注重制度的优化选择。碳排放权交易制度与碳税制度等相互替代的制度要优化选择，防止政府的“税收偏好”；总量控制制度与水权交易制度等互补的制度要耦合强化，提升制度集成绩效。

2. 加强绩效评价，全面实施资源生产率领跑者制度

要构建“事前事中事后”全覆盖评价机制和以资源生产率为核心的制度绩效评价指标体系，防止“以制度改革掩盖以往改革的低效”的现象。要建立“事先评价（制定时）——谋求理想目标、事中评价（实施时）——做到及时纠偏、事后评价（实施后）——推进制度改革”的制度绩效评价链。构建土地资源生产率、水资源生产率、能源资源生产率、环境容量生产率、气候资源生产率等核心指标构成的制度绩效评价指标体系。据此区分区域、园区、行业、企业等不同主体的资源生产率领跑者和落后者，全面实施资源生产率领跑者制度，给领跑者以激励，给落后者以警告甚至淘汰，形成资源生产率比学赶超格局，快速提升资源生产率水平。

3. 坚持数字驱动，丰富生态文明制度绩效提升手段

一要建设生态文明大数据集成平台，实现“空天地人”生态环境状态和风险的动态实时监控，实现治理体系和治理能力现代化。二是运用区块链等技术构建生态产品价值数字化实现机制，推动生态资产开发，解决落后地区生态产品有效需求不足的问题，确保农民获得足额的生态资产性收益。三是基于虚拟现实和增强现实等技术构建“云—管—端”协同生态产品交易市场，强化信息甄别，防止数据孤岛和假冒伪劣，促进生态农业、生态旅游、生态康养等新业态发展，提高生态产品品牌溢价，提高农民生态经营性收益。

4. 激发创新意识，将生态文明制度改革纳入巡视督察

我国已经从自下而上的内源性改革进入到自上而下的强制性改革的攻坚阶段，要防止地方政府的生态文明制度选择性改革。党的十八大以来无与伦比的生态文明体制改革方案在层层抓落实的过程中被打折扣。或者是部门利益受损，如水权交易制度改革意味着水利部门让权给市场机制；或者是区域利益受损，如碳排放总量控制每个地区只是看齐中央的时间节点，殊不知每个区域是可以也应该有先后的。为此，要把生态文明制度改革及实施情况纳入巡视内容。对于不思改革创新的，或者不按中央部署进行改革创新的，予以责任追究。

关于杭州创建国际湿地城市的对策建议*

沈满洪　方晓波　陈真亮**

国际湿地城市是湿地生态保护领域的最高荣誉，其申报与创建，代表了一个城市对湿地生态保护的最高成就。杭州是典型的江南水乡，江、河、湖、海、溪“五水共导”，湿地资源禀赋得天独厚。市委第十三次党代会报告中提出要“成功创建国际湿地城市”，并将其作为努力建成“美丽之窗”的重要标志性成果之一，体现了高水平打造美丽中国建设样本，高标准建设生态文明之都的坚强决心和行动力。为助力杭州成功创建国际湿地城市，课题组通过实地调研走访，全面梳理了杭州湿地资源和管理现状，并提出了针对性意见建议。

一、杭州创建国际湿地城市存在的短板

截至目前，国际湿地城市认证共启动了两批。第一批国际湿地城市认证于 2017 年启动，国内 15 个城市递交申请。2018 年 10 月，常德、常熟、东营、哈尔滨、海口、银川 6 个城市成为首批国际湿地城市。第二批国际湿地城市认证于 2019 年启动，国内 13 个城市递交申请。2022 年 6 月，合肥、济宁、梁平、南昌、盘锦、武汉、盐城 7 个城市成为第二批国际湿地城市。据这两轮申报和公布的情况来看，要成功创建国际湿地城市绝非达标即可，而是优中选优。国际湿地城市创建工作如逆水行舟不进则退，要确保杭州在下一轮“突出重围、雀屏中选”，认真“查问题、补短板、促提升”是关键。

2020 年 12 月，国家林业和草原局办公室印发了《国际湿地城市认证提名办法》，其中明确“国际湿地城市认证提名指标”共 16 项，总分值为 100 分。为助力杭州在创建工作中查短板、补不足，课题组对照该指标，全面梳理杭州实际情况，并进行了模拟评分，具体情况详见下表。

---

* 本文获得浙江省领导批示。

** 作者简介：沈满洪，浙江农林大学党委书记，浙江农林大学浙江省乡村振兴研究院研究员，浙江农林大学生态文明研究院院长、教授；方晓波，浙江农林大学副教授；陈真亮，浙江农林大学浙江省乡村振兴研究院教授。

杭州对标国际湿地城市的模拟评分情况

序号	指标名称	单项分值	具体内容	完成情况	模拟评分
1	重要湿地	8	区域内应当至少有一处国家重要湿地（含国际重要湿地）或者两处省级重要湿地。基本分5分	杭州市现有国际重要湿地1处，省级重要湿地4处（扣分）	7
2	湿地率	9	内陆山区城市湿地率≥4%，且湿地面积3年内不减少。根据实际湿地率，分区间赋分	湿地率8%（满分）	9
3	湿地保护率	8	≥50%。根据实际保护率，按区间赋分	湿地保护率51%（扣分）	6
4	湿地保护规划	8	湿地保护纳入当地国民经济和社会发展规划；在国土空间规划中有专门针对湿地生态系统保护的内容；编制了湿地保护专项规划。基本保障了湿地保护修复投入需求	杭州市国土空间规划中已有专门针对湿地保护的内容，但该规划尚未发布（扣分）	6
5	协调机制	3	当地人民政府已经建立由相关部门组成的国际湿地城市创建工作机构	已成立杭州创建国际湿地城市工作领导小组，但运行情况有待加强（扣分）	2
6	湿地管理专门机构	8	已经成立湿地保护管理的专门机构，配置专职的管理和专业技术人员，开展湿地保护管理工作	未成立（扣分）	0
7	湿地保护法规或规章	8	湿地保护法规或规章	未制定（扣分）	0
8	高质量发展综合绩效评价	10	将湿地面积、湿地保护率、湿地生态状况等保护成效指标纳入当地高质量发展综合绩效评价等制度体系	部分纳入（扣分）	5
9	水资源管理	8	在水资源管理、污染防治工作中体现湿地保护修复理念并采取具体措施	重要湿地水质和水量保障措施还未落实（扣分）	6
10	湿地利用	6	符合生态优先及合理利用原则。综合考虑湿地保护和湿地供给、调节、文化以及支持功能的有效发挥	下一步将开展《杭州市湿地生态系统综合效益评估》（扣分）	5
11	湿地宣传教育	6	有专门的湿地宣传教育场所，或依托保护形式建立的宣传教育场所，并且开展了专门的湿地宣传教育活动	有，但不优（满分）	6

（续）

序号	指标名称	单项分值	具体内容	完成情况	模拟评分
12	湿地保护志愿者制度	3	建立了湿地保护志愿者制度并开展了相关活动。组织公众积极参与湿地保护和相关知识传播活动	未建立湿地保护志愿者制度（扣分）	2
13	湿地保护修复措施	10	针对该湿地已经采取湿地保护修复措施并且取得较好成效	缺少对重要湿地整体保护修复情况的评估分析（扣分）	7
14	湿地监测、管理计划及生态预警机制	5	针对该湿地已经建立湿地生态预警机制，制定实施管理计划，开展动态监测和评估。在遇到突发性灾害事件时有防范和应对措施	未建立（扣分）	0
15	重要湿地破坏（否定性指标）		（1）开（围）垦、填埋、排干湿地或者擅自改变湿地用途。永久性截断湿地水源。（2）过度放牧、捕捞。（3）排放不达标的生活污水、工业废水。（4）破坏湿地野生动物栖息地和鱼类洄游通道。（5）破坏湿地及其生态功能的其他活动。如果在所依托的重要湿地中存在这5种情形的，一票否决	/	/
16	其他湿地破坏（否定性指标）		近3年来发生了重大破坏案件和行为	/	/
合并		100	/	/	61

由上表可知，对标国际湿地城市，杭州的模拟总分仅为61分。其中，除两个否定性指标外，评为满分的只有“湿地率”和“湿地宣传教育”2个指标；评为零分的有“湿地管理专门机构”“湿地保护法规或规章”和“湿地监测、管理计划及生态预警机制”等3个指标；其他9个指标均有不同程度扣分。

从整改难度看，“湿地管理专门机构”“水资源管理”“湿地宣传教育”“湿地保护志愿者制度”等指标，难度相对较小，只要责任到人、积极推进，就可完成。“湿地保护规划”“湿地保护法规或规章”“高质量发展综合绩效评价”“湿地保护修复措施”“湿地监测、管理计划及生态预警机制”等指标，整改有一定难度，需大力推进方可解决。“重要湿地”“湿地保护率”等指标整改难度极大，需强力推进。“湿地率”指标虽赋满分，但保持稳定殊为不易。

二、助力杭州成功创建国际湿地城市的对策建议

总的来看，杭州创建国际湿地城市既有优势又有劣势，但优势大于劣势；既有机遇

又有挑战，但机遇大于挑战。下一步，杭州创建国际湿地城市应对照模拟评分情况，积极整改、狠抓落实，确保“零分指标”加速破局、“失分指标”精准补短、“满分指标”稳中提质。

1. 主要领导对重点工作“一抓到底”

2022 年 6 月，杭州成立了创建国际湿地城市工作领导小组，市政府主要领导亲自挂帅，体现了对国际湿地城市创建工作的高度重视。在全面负责的同时，还应突出重点“一抓到底”，如湿地保护的基础是明晰保护范围和边界，但不同部门规划的国土空间边界不尽相同。“多张蓝图不一致”严重制约了湿地保护开展。建议杭州参考各地“多规合一”的试点经验，市委市政府主要领导主抓“多规合一”工作，且要一抓到底，直到多张规划形成互补型镶嵌为止，确保既无“三不管”地带，又无重叠性区块。同时，须重点抓湿地保护相关规划的全面落地，安排足额的专项资金用于湿地保护。

2. 专门机构、专业队伍统筹管理

杭州“水”要素的丰富性带来了水生态、水环境、水资源、水交通、水安全（防洪排涝）等“水保护的多头管理”体制问题，如，西溪湿地建设与保护涉及城建、林水、生态环境、农业等多个部门，而“两江两湖（富春江—新安江—千岛湖—湘湖）风景名胜区”的管理机构还不明确。建议成立各级湿地保护专门机构，加快完善杭州湿地管理职责体系，形成江、河、湖、海、溪“五水共导”统筹保护、齐抓共管的机制。健全市（县）级湿地保护机构队伍，在设置岗位、引进人才时，有针对性地引进湿地保护相关专业人才，提高湿地保护管理机构业务能力。大力推进与浙江大学、浙江农林大学等高等院校人才联合培养工作，通过创建湿地保护学院、在职培训等模式，做好湿地管理专业技术人才保障工作。

3. 出台《杭州市湿地保护条例》

《杭州市湿地保护条例》现为 2022 年杭州市人大调研项目，按照常规的立法程序，要进入正式立法需要时日，建议特事特办，尽快将《杭州市湿地保护条例》调整为 2022 年或 2023 年度正式立法项目，争取 2023 年上半年出台《杭州市湿地保护条例》。

4. 加强湿地生态保护补偿机制建设

湿地保护既涉及生态保护的成本投入和机会成本，又涉及湿地保护的生态收益和经济收益；既涉及既得利益受损问题，又涉及保护收益外溢问题。因此，湿地保护生态补偿机制建设至关重要。对于在湿地保护中付出机会成本、实际成本、利益受损的经济主体都要给以补偿；对于在湿地保护中获得显著外溢性收益的经济主体都要提供补偿。在损益主体和金额容易明细的情况下，鼓励市场机制补偿；在损益主体和金额难以明细的情况下，依靠政府机制补偿。

5. 有序推进重要湿地建设

依托杭州现有国际重要湿地和省级重要湿地，进一步健全湿地分级保护制度，明确重要湿地管控要求，保护一批典型湿地。有效推进重要湿地申报工作，打造西湖、千岛湖国际（国家）一流湿地，提升钱塘区江海湿地、千亩田高山沼泽、余杭三白潭湿地、临平丁山湖湿地等特色湿地，力争钱塘区江海湿地等成功申获省级重要湿地。到 2023 年年底，至少新增国家重要湿地 1 处，省级重要湿地 2 处。

6. 严守湿地保护底线

严守生态保护红线，对纳入生态保护红线范围的湿地，实行严格管控，确保湿地面积不减少。建设杭州大湾区等国家湿地公园，扩展杭州国家湿地公园的面积。实施西溪湿地原生态保护提升行动，增加西溪湿地公园内的湿地面积，高标准建设“无废湿地”，提升湿地率。进一步提高政府对湿地资源的保护和管理能力，确保湿地率稳定在 8%以上、湿地面积 3 年内不减少。

7. 加强湿地水资源管理

深入实施城镇污水处理厂提标改造，加强雨污分流监管工作，确保源头雨污分流到位，加强点源污染防治工作。引导、鼓励和支持种植主体综合采用测土配方施肥、有机肥替代、农作物病虫害绿色防控和统防统治等肥药减量技术与模式，深入推进农业面源污染防治。结合《杭州市湿地保护“十四五”规划》，大力推进湿地节水行动的落实，实现水资源循环利用。完善重要湿地管网基础设施，加强湿地排水管网常态化巡查维护工作，杜绝污水管网跑冒滴漏，多措并举保障重要湿地水质和水量安全。

8. 有效推进湿地保护修复和成果运用

以西湖、西溪、湘湖、江海等重点湿地为对象，以不同重要湿地现存问题为导向，采取科学治理手段，以自然恢复为主、人工恢复为辅，基于自然的理念，对面积减少和生态功能退化的湿地，通过湿地植被恢复、栖息地修复营造、生态廊道建设、湿地环境整治、有害生物防治等生态工程措施，修复退化湿地生境，提升湿地生态功能。同时，加强湿地保护修复总结凝练工作。全面收集全市已经开展的湿地保护修复项目研究成果，通过主流媒体、杂志等公开发表，加大杭州湿地保护工作的社会影响力。各区（县、市）之间，以及林水局、生态环境局等部门之间进一步加强交流，注重湿地保护修复成果的共享，保证相关研究成果能够落到实处，为湿地保护管理实践提供科学支撑。

9. 建立湿地监测、管理计划及生态预警机制

以杭州重要湿地为重点，依据有关标准和监测规范，在湿地内系统布设监测点位，开展湿地水质、水量、生物多样性等监测工作。建立由多部门参与、分工协调、相互补

充的湿地监测体系，实现监测数据共享共用。基于湿地水质、水量、生物多样性等实际监测数据结果，运用适用的评价模型，高质量编制湿地生态环境质量评价年报。开发以“自动监测-遥感影像解译-湿地水文模拟-三维水质模拟”为核心的湿地自动监测系统，模拟未来湿地出入流量、水动力和水质指标的空间分布及动态变化，自动生成杭州湿地水质态势报告，根据态势报告预测湿地未来水质变化趋势。制定湿地突发事件应急预案，确保因暴雨造成内涝、外涝、溃坝以及其他有害污染物泄露等突发事件发生时，最大限度地控制突发事件的扩大和蔓延，有效防范和应对突发事件。

10. 健全科普宣传教育和志愿者制度

强化湿地科普宣传教育。制定实施创建国际湿地城市宣传活动方案，制作国际湿地城市宣传片（中英文版），利用电视、报刊、网络等媒体宣传弘扬湿地生态文化，普及湿地科普知识，宣传湿地保护法律法规，吸引广大市民积极参与国际湿地城市创建活动，切实提高市民的知晓率和参与度。建立湿地保护志愿者制度。出台《杭州市湿地保护志愿者管理办法》，鼓励市民参与湿地保护志愿工作，加深市民对湿地保护和湿地文化的认识。组织爱鸟协会等自然保护组织开展不同主题的湿地志愿活动。

进一步深化浙江省国家公园体制机制创新的政策建议*

朱臻　沈月琴　宁可**

构建以国家公园为主体的自然保护地体系是党的十八届三中全会提出的重点改革任务，是强化我国生态文明制度建设的重要内容。2021 年 10 月，习近平主席在昆明召开的联合国《生物多样性公约》第十五次缔约方大会领导人峰会上，宣布了首批国家公园名单，并明确指出国家公园建设要“理顺管理体制，创新运营机制”，这是这项生态文明制度改革的核心与根本。

在现有首批国家公园建设中，以南方集体林区为代表的武夷山国家公园为例，目前已经建立了统一事权、分级管理、纵向到底的“管理局一管理站”两级管理体系，体现区域特色国家公园法规制度新体系、“地方负责国家公园社区民生支出，省级财政调增体制补助基数，省直相关专项予以倾斜支持”的省市县联动财政投入机制、借助商业银行模式搭建资源开发运营平台为主的生态产品价值实现机制、依托社区规划优化与生态产业帮扶为主的社区参与共惠机制等值得借鉴的机制体制创新举措。

浙江省钱江源国家公园早在 2016 年就已成为全国十大国家公园体制试点区之一。2020 年《钱江源-百山祖国家公园总体规划（2020—2025）》获得通过，标志着浙江省国家公园“一园两区”框架初步形成。浙江省国家公园试点建设在管理体制机制创新方面作出了一些探索，但也存在一些有待破解的难题，亟须进一步完善，为钱江源-百山祖国家公园试点“转正”奠定基础。

一、浙江省国家公园体制机制探索与实践

一是明确了“一园两区、垂直管理、政区协同”的管理体制。构建了包括钱江源园区和百山祖园区在内“一园两区”管理模式。当前，两个园区已分别成立公园管理局，均由省政府垂直管理、省林业局代管、纳入省一级财政预算，并与地方政府建立交叉兼

---

* 本文获得浙江省主要领导批示。

** 作者简介：朱臻，浙江农林大学经济管理学院副院长、浙江农林大学浙江省乡村振兴研究院农林经济与乡村产业发展研究中心主任、教授；沈月琴，浙江农林大学副校长、浙江农林大学浙江省乡村振兴研究院院长、教授；宁可，浙江农林大学浙江省乡村振兴研究院农林经济与乡村产业发展研究中心副主任、副教授。

职、联席会议、联合行动等机制，形成了政区协同管理模式。二是初步探索构建了协同保护生态环境的机制。钱江源-百山祖国家公园毗邻浙江、江西、安徽三省，以协同高效保护资源生态为目标，不断探索了跨区域生态环境协同保护机制。建立了国家公园生态安全五大机制，基本实现自然资源和生态环境协同保护。三是初步探索了生态产品价值实现机制。第一，初步构建了多元化生态补偿机制。主要涉及以财政转移性支付为主导的生态补偿，包括地役权改革补偿、社会投资损失补偿、野生动物破坏损失补偿；以提供生计就业为辅的生态补偿，包括设立生态巡护相关岗位、设立科研工作助理岗位。第二，探索了多样化的生态产品开发机制。充分发挥国家公园的资源优势，探索构建多样化生态产品体系。以五大国资公司为主平台，依托新农投集团，推出了齐溪龙顶茶、何田清水鱼等特色产品，发展了古田山生态油茶和长虹休闲旅游等产业，实现品牌化增值，带动居民增收致富。

二、浙江省国家公园体制机制实践中面临的问题

1. “一园两区，垂直管理，政区协同”管理体制有待进一步优化

“一园两区”管理体制有待进一步优化。从顶层设计来看，缺少统筹浙江省国家公园的专职管理机构，亟须建立符合《建立国家公园体制总体方案》要求，适应垂直管理需要的“一园两区”管理体制。在立法和政策设计层面，仍缺少符合地方需求的省级层面法律法规与政策体系保障。

“政区协同”运行机制有待进一步完善。“政区协同”仍存在职能交叉、协同不足情况，如基层林业站与国家公园生态保护站在开展工作中目标与标准不同，需进一步明确国家公园管理局和地方政府相关具体职责。同时，虽与周边省份地区建立了生态安全共管机制，但因各地县级层面对地方自然资源管理要求存在差异，生态安全协同管理仍有待进一步加强。最后，国家公园省管后，收入待遇较地方编制人员有所减少，医疗保障等享受不便，不利于管理队伍稳定。

2. 以地役权补偿为主的生态补偿机制仍需进一步完善

首先，国家公园范围内 17.4%国有林地，不属于现有地役权改革覆盖范围，仍以低于地役权改革补偿标准执行 [40 元/（亩·年）]；其次，先行地役权改革补偿标准远远低于调查数据显示的 2 000 元/（亩·年）经济林种植收入，难以弥补限制农户收益损失；最后，现有补偿以政府财政转移支付为主要资金来源，缺乏市场化生态补偿形式。如缺少开展森林碳汇经营与参与碳市场交易等相应规划，地方财政压力大。

3. 社区居民可持续生计与生态保护之间的矛盾有待进一步破解

国家公园实行最严格的生态保护措施后，对社区居民生计保障形成一定挑战。首先，就业补偿收入难以保障农户可持续生计。就业补偿集中于村干部和护林员，覆盖面窄，

普通村民难以从国家公园建设中获益。而生态巡护员岗位每年收入为12 000元，远低于外出务工30 000元的年均收入。其次，现有就业补偿岗位多与项目有关，就业机会随项目终止而停止，缺乏稳定性。最后，国家公园核心区村民老龄化明显，国家公园限制当地自然资源经营后，普遍缺乏替代生计来源。

三、深化浙江省国家公园体制机制创新的对策建议

为实现国家所有、全民共享、世代传承的目标，对接浙江省“大花园建设”战略，实现“钱江源-百山祖”国家公园试点尽快转正，亟须进一步深化和创新浙江省国家公园体制机制。

1. 进一步优化“一园两区，垂直管理，政区协同”的国家公园顶层设计

优化顶层设计，进一步理顺“一园两区”垂直管理体制。由省里成立“钱江源-百山祖”国家公园管理局，统筹负责管理“两区”，下设两个分局，现阶段可挂靠省林业局。完善国家公园地方顶层设计工作，出台《浙江省国家公园管理条例》和《浙江省国家公园生态补偿机制实施办法》等相关制度，为浙江省国家公园正式转正奠定基础。

在“政区协同”运行机制方面，依托《浙江省国家公园管理条例》，进一步明确钱江源-百山祖国家公园管理局和地方政府职责，建议地方国家公园管理站站长由所在地镇长兼任，明确规定有关乡镇长在转任、提任时应征得国家公园管理局同意，同时加快打通园区与地方干部交流渠道，实行干部双重管理；进一步提升区域生态安全合作深度。针对跨省协同生态管理协调难的问题，建议设立浙江、江西和安徽三省环钱江源生态管理协调工作组，由三省林业局相关分管领导牵头建立定期协商工作机制，合作签署《环钱江源-百山祖国家公园生态安全共管框架合作协议》，明确三省生态协同保护管理措施、责任和奖惩机制；建议省相关部门推进国家公园管理人员“同城同待遇”等政策试点落地。

2. 基于生态产品服务市场化，完善生态产品价值实现机制

（1）建立以国家公园为主的浙江省自然保护地生态补偿机制。依托浙江省国家公园丰富的山水林田湖草资源优势，建立多样化、市场化的自然保护地生态补偿机制。

一是完善地役权改革为特色的政府财政补偿机制。深化集体林地役权改革补偿，推动农田保护地役权改革试点扩面，逐年提升地役权补偿递增机制；完善野生动物肇事补偿制度；建议省级财政统一整合绿色发展财政奖补、林业专项资金、国家公园专项资金等，建立以浙江省国家公园为主的自然保护地体系生态补偿资金专项。

二是建立森林碳汇交易补偿机制。对接“双碳”战略，整合国家公园林地资源，开展国家公园碳汇林经营试点，开发自愿减排量等碳汇产品，借助国内碳交易平台，将森林碳汇挂牌入市交易，实现森林碳汇生态价值市场转化。

三是进一步健全区域横向生态补偿机制。整合现有相关钱江源头流域横向补偿资金；推进建立下游地区与国家公园间“山水林田湖草”生态考核奖补机制，通过飞地经济、人才培训、共建园区和购买生态产品和服务促进双方良性互动；建议三省合作制定《环钱江源-百山祖国家公园跨省合作保护考核激励办法》，建立跨省生态保护合作考核激励标准。

四是创新绿色生态产业链金融机制。依托当地“两山银行”，推广地役权补偿收益质押贷款融资、森林碳汇质押贷款、公益林补偿收益权质押贷款等服务产品，推广生态产业链金融模式，激活园区内“沉睡的资源”。

（2）以国家公园区域品牌为主构建生态产品价值市场化实现机制。支持国家公园生态产品品牌化开发。鼓励“钱江源-百山祖国家公园”区域商标注册，通过省级品牌商标认证。编制国家公园农特产品、民宿农家乐、森林康养等相关生态产业标准化经营体系，统一准入门槛，推广有机生态化经营模式。支持搭建市场化运作的资源开发经营平台，在国家公园内将分散零碎生态资源资产权益连片打包对接绿色产业项目运营。文旅结合，建议省文旅厅等相关部门与国家公园管理局合力挖掘国家公园红色文化、生态资源底蕴，培育和发展国家公园旅游文创产业。

3. 进一步深化生态保护和社区融合发展的国家公园持续性惠益分享机制

建立钱江源-百山祖国家公园特许经营制度试点，实现原住居民持续性惠益分享。制定《钱江源-百山祖国家公园特许经营管理办法》，鼓励符合准入条件的国家公园原住居民享有“钱江源-百山祖国家公园”区域品牌使用权，实现农户生态产品溢价；引入第三方经营主体开展森林康养、民宿旅游等特许经营试点，吸收园区内居民就业。

着力打造国家公园未来乡村建设试点，实现融合发展。加大省级财政资金支持，建设国家公园未来乡村试点；鼓励国家公园与高等院校组建钱江源-百山祖国家公园研究院，与地方合建以研学、康养为主题的省级“自然教育基地”和教育康养高地，扩大公益就业岗位。

出台国家公园生态移民和产业扶持专项政策。建议出台国家公园生态移民专项资金政策和土地建房指标，将核心区留守村民统一迁出集中安置，提供基本生活和就业保障。依托政府财政资金和“企业＋农户”模式实施生态产业专项投资计划，用于专项扶持当地社区发展林下经济、森林康养等生态产业，建立合理的收益分配机制，提升集体和社区居民收入。

如何提升浙江森林生态产品价值转化效率助力乡村共同富裕*

孔凡斌　徐彩瑶　王宁**

党的二十大报告指出："坚持绿水青山就是金山银山的理念，坚持山水林田湖草沙一体化保护和系统治理，全方位、全地域、全过程加强生态环境保护，生态文明制度体系更加健全，污染防治攻坚向纵深推进，绿色、循环、低碳发展迈出坚实步伐，生态环境保护发生历史性、转折性、全局性变化，我们的祖国天更蓝、山更绿、水更清。"如何建立健全森林生态产品价值实现机制是浙江践行"绿水青山就是金山银山"理念与助力共同富裕的重要探索。

2021 年 4 月，国家发布《关于建立健全生态产品价值实现机制的意见》明确指出"建立健全生态产品价值实现机制，是贯彻落实习近平生态文明思想的重要举措，是践行绿水青山就是金山银山理念的关键路径"。

2021 年 5 月，中共中央国务院发布《关于支持浙江高质量发展建设共同富裕示范区的意见》提出要"拓宽绿水青山就是金山银山转化通道，建立健全生态产品价值实现机制"。

2021 年 7 月，浙江省发布《浙江高质量发展建设共同富裕示范区实施方案（2021—2025 年）》明确提出"绿水青山就是金山银山转化通道进一步拓展，生态产品价值实现机制全面推行"的要求。

党的二十大报告明确提出建立生态产品价值实现机制，并将其作为新时代新征程推动建设人与自然和谐共生的中国式现代化的重要制度创新任务。

浙江是"绿水青山就是金山银山"理念的发源地和率先实践地以及国家高质量发展建设共同富裕示范区，森林资源丰富，林业产业基础好，林业富民效益高且潜力巨大。建立健全森林生态产品价值实现机制是浙江践行"绿水青山就是金山银山"理念与助力共同富裕的重要探索。

科学评价浙江森林生态产品价值转化效率及其变化特征，阐释动力机制，用以衡量和优化"绿水青山就是金山银山"理念实践成效与实现路径，具有重要理论和实践意义。

---

* 本文刊于"之江策"2022 年 12 月 4 日。

** 作者简介：孔凡斌，浙江农林大学浙江省乡村振兴研究院首席专家、教授；徐彩瑶，浙江农林大学浙江省乡村振兴研究院研究人员；王宁，浙江农林大学在读研究生。

本文构建森林生态产品价值实现效率的投入产出指标体系，基于经济计量模型和空间分析工具，运用《中国林业统计年鉴》《中国城市统计年鉴》《浙江省统计年鉴》《浙江省自然资源与环境统计年鉴》、浙江各地市《统计年鉴》以及中国科学院资源环境科学与数据中心、国家青藏高原科学数据中心、国家气象数据中心、地理空间数据云、国家地球系统科学数据中心、联合国粮食及农业组织（FAO）和维也纳国际应用系统研究所（IIASA）等机构的权威数据，量化分析 2000—2020 年浙江森林生态产品价值转化效率变化特征及其政策含义，面向浙江高质量发展建设共同富裕示范区战略需求，提出持续提升浙江森林生态产品价值转化效率助力乡村共同富裕的对策建议。

一、森林生态产品推动经济增长助力乡村共同富裕的理论逻辑

自然资本理论认为，自然资源是影响国家发展能力和人民福祉的一种资本，一切经济生产都依赖于自然资本存量所产生的自然资源流量。

生态系统服务与人类福祉理论则进一步认为，生态服务作为耦合自然系统与社会经济系统的桥梁与纽带，与生产资料和劳动力相结合而生产出满足人们要求的生态产品，最后通过市场机制实现生态产品的货币化。

新古典经济增长理论主要关注货币资本、劳动力和技术三要素投入对经济增长的影响，忽视生态产品对经济增长的长期影响。实际上，生态产品通过生态技术进行形态和价值的转换，并进入市场通过交易成为生态商品，进而促进经济增长和人类福祉。据此，生态产品作为现实或潜在的投入要素被纳入新古典经济增长理论模型而成为现代生态经济学的核心概念，并服务于经济增长与生态保护协调可持续发展的理论逻辑。

经济增长理论认为全要素生产率增长是经济增长的充分和必要条件，推动经济增长的主要因素包括要素投入量的增加和要素使用效率的提高。因此，生态产品作为一种生产要素而存在于经济系统之中，其存量、投入水平和转换效率已经成为影响经济发展的决定性因素。

绿水青山是最重要的自然资源，决定绿水青山面貌的森林资源是乡村分布最广、存量最为丰富的生态资源。

乡村集体所有的森林生态系统为区域经济发展和乡村农民生计提供除直接林木产品之外的支撑、调节和文化等具有重要使用价值的功能服务，其中的调节类服务作为直接关联人类福祉的极为重要的森林生态系统服务，主要包括固碳释氧、水源涵养、土壤保持和气候调节等，固碳服务与气候变化及农业生产高度关联，水源涵养与水资源安全和粮食安全紧密相关，土壤保持影响土壤长期生产力和农产品产出潜能，气候调节关乎人类生产生活的各个方面。

除此之外，森林生态系统的林木产品供给、支撑和文化服务与区域现代林业产业发展、生态系统安全和“生态＋”文化旅游发展密切关联，这些森林生态系统功能服务及其使用价值连同林木资产一起形成了乡村丰富的森林生态产品。

林地和林木及其他生物和非生物自然要素构成的生态系统及其物质和能量流是林业生产中的基础和原始资本。人类利用这些生态产品作为生产要素并与劳动、技术、管理和政策等要素结合，产出人们所需要的林产品及其他产品。

林业生产部门依靠这些生态产品而产生，又在不断改变生态产品的过程中得以发展。在林业生产过程中，生态产品及其功能价值既是劳动对象又是生产资料，生产过程的本质就是人们通过自身行为改变生态资本的形态，完成生态产品使用价值向交换价值的转变，通过市场交易机制将生态产品价值转化为现实的生态财富，以此适应人类社会需要的过程，即利用对生态产品的消费及其形态的变化过程，推动生态产品、经济资本和社会资本三者紧密结合，共同构成林业生产的复合资本运营系统。

具体而言，在林业生产过程中，生态产品持有者将生态资产要素投入到自然和经济再生产过程之中，利用林地、林木、技术、资金、劳动和管理等经济社会资本实现生态产品的价值转化，依靠生态市场实现生态产品的增值，完成生态产品的使用价值转化为交换价值的过程，进而推动林业经济增长。

乡村局部共富是城乡全局共富的必要条件。林业既是中国生态扶贫的主阵地，又是乡村生态共富的主阵地，山区显著的森林生态资本禀赋为乡村生态共富奠定了优势条件。缩小城乡收入差距和消费差距是缩小城乡贫富差距及实现共同富裕的关键。

有效的森林生态产品运营可以通过森林生态资源要素价格优势吸引资金投向乡村林业经济发展，进而为乡村特别是森林生态资源禀赋优越的山区和林区带来发展动力，农民从中获得经济收入，从而缩小城乡的收入差距，同时有效的森林生态产品运营可以有效推动山区和林区林业经济增长，进而带动当地就业率的上升，稳定的收入来源可以进一步提升乡村农户的消费水平，缩小城乡消费差距。

可见，乡村丰富的森林生态产品是支撑乡村走向共同富裕最具潜力的生态财富。

二、浙江森林生态产品价值与林业产值保持整体上升的良好态势

1. 森林生态产品价值持续增长，结构不断优化

2020 年浙江森林生态产品价值为 9 737.17 亿元，约为 2020 年浙江林业总产值的 1.94 倍。其中，调节服务价值最高，为 7 263.23 亿元，占总价值的 74.6%。文化服务价值为 2 348.34 亿元，占总价值的 24.12%，物质产品价值为 125.60 亿元，占总价值的 1.29%。

7 种生态产品按照价值量依次排序为：固碳释氧价值＞土壤保持价值＞文化服务价值＞营养累积价值＞物质产品价值＞空气净化价值＞水源涵养价值。其中，固碳释氧、土壤保持、文化服务等三项产品价值所占比重最大，总占比为 95.56%。

2000—2020 年，浙江森林生态产品价值呈现波动上升的趋势，由 2000 年的 6 711.24 亿元增长到 2020 年的 9 737.17 亿元，增幅为 45.09%。

物质产品价值、调节类产品价值和文化服务价值均呈现上升趋势。分项来看，除调

节类产品中的净化空气外，均呈现上升趋势，而净化空气价值呈现递减趋势，文化服务价值由 2000 年的 13.84 亿元增加至 2020 年的 2 348.34 亿元。

固碳释氧、土壤保持、文化服务是浙江主要的森林生态产品，说明浙江森林生态系统在固碳释氧和保持土壤方面发挥着重要作用。文化服务价值高与浙江拥有多个全国森林旅游示范市、示范县和 19 个国家 5A 级景区的现状相吻合，也与森林面积逐年增加，森林生态产品供给能力不断提高有着密切的关系。

浙江森林生态服务产品价值为林业总产值的 1.94 倍，意味着浙江森林生态产品价值高于全国平均水平 1.73 倍，说明浙江省在率先建设“生态省”和高质量建设生态文明先行示范区方面取得了巨大成效。

2. 林业产值规模和结构同步优化，效益持续提升

从总量看，20 年间，浙江林业总产值由 2000 年的 535.70 亿元增长到 2020 年的 5 016.76亿元。从结构看，浙江省林业第一、二、三产业产值均呈现增长趋势，其绝对值分别增长了 909.23 亿元、2 368.93 亿元、1 202.9 亿元。

第二产业在浙江林业产值中占主导地位，所占比重处于第一位。第一产业产值所占比重逐年减少，第三产业产值比重在 2018 年超过林业第一产业而排在第二位，林业第一、二、三产业产值比重从 33.23：53.57：13.2 变为 21.67：52.94：25.39；产业结构实现了从“二、一、三”格局向“二、三、一”格局的转变。

2000 年之后，浙江林业第一产业产值增速逐渐放缓，第二产业产值不断增长，其产值大于林业一、三产业产值之和，林业第二产业的快速发展对浙江林业发展贡献突出，林业第三产业整体呈现增长态势，产值在 2018 年超过林业第一产业，林业第三产业产值比重快速上升得益于乡村旅游与森林康养业等新业态的蓬勃发展。

这充分说明浙江省在全面建设生态文明先行示范区过程中，始终重视依托森林生态资源优势大力发展特色林业产业，创新森林生态产业化发展模式，不断拓展“两山”转化通道，使得全省林业经济发展取得了历史性成就，为高质量发展建设共同富裕示范区奠定了坚实基础。

三、森林生态产品价值转化效率整体上呈现稳中向好态势

1. 森林生态产品价值转化效率稳步提升

整体看，浙江森林生态产品价值转化效率较高，11 个地（市）表现为嘉兴＞湖州＞台州＞金华＞宁波＞绍兴＞丽水＞衢州＞温州＞杭州。在 11 个地（市）之中，森林生态产品价值整体转化效率均达到有效层面，总体情况较好。森林生态产品价值实现效率最高的是嘉兴市，浙江森林生态产品价值实现效率的区域差异较大。

杭州森林生态产品价值实现效率随时间变化呈现迅速上升趋势，温州也呈现连年递增的态势并达到了有效层面。浙江森林生态产品全要素生产率在 2000—2010 年整体呈现

迅速增长态势，从2010年开始快速下降，呈现波动态势。

从整体上来看，11个地（市）间技术效率、技术进步指数、纯技术效率和规模效率的差距均较小，森林生态产品全要素生产率的变化与技术进步指数的重合程度较高。分地市看，2000—2020年，6个地（市）的林业全要素生产率超过1，其中丽水全要素生产率最高，杭州次之。

浙江省森林生态产品价值实现效率整体较高，说明浙江省以“两山”理念为指引，在积极探索“两山”转化有效模式和体制机制改革方面取得了显著成效。

与此同时，浙江省11个地（市）间森林生态产品价值实现效率存在较大差异，但是实现效率均呈现递增状态，部分无效率状态的地（市）也逐渐向生产前沿面逼近，这说明浙江省11个地（市）森林生态资源配置效率不断提高，生态产品价值实现效率趋势不断向好。效率最高的嘉兴市以“画境水乡，森林嘉兴”为建设理念，全面推进林业产业发展，其较高的森林生态产品价值实现效率也说明森林投入产出结构较好，资源得到了充分有效利用。

杭州市森林覆盖率位于全国省会城市首位，依托森林资源优势，杭州正在做大做强花卉苗木、木本油料、竹业等特色林业产业，还在不断壮大森林康养、绿色生态休闲等新业态。可以预见，未来杭州市的森林生态产品价值实现效率必将得到明显提升。

浙江省森林生态产品全要素生产率呈现波动增长态势，部分地（市）林业技术效率提升是改变森林生态产品价值实现效率的主要原因，但林业技术进步尚未体现出足够的正向作用。

2. 森林生态产品价值转化效率存在一定的投入冗余现象

整体上看，浙江每年都有部分地（市）处于无效率的状态，说明有些地（市）在森林生态产品价值实现方面存在不同程度的效率损失，出现了投入冗余和产出不足的情况。

除少数地市外，多数地市森林生态产品实现效率已经达到了生产前沿面，生产资源配置效率达到了有效水平。其中，杭州林业第二产业产值出现2.33%的不足，多项投入指标呈现一定的冗余。温州林业从业人员过剩15.87%，林业第二产业产值短缺14.23%。单从产量来看，嘉兴和湖州虽然排名靠前，但期望产出与最优值仍存在一定差距。

四、持续提升浙江森林生态产品价值转化效率助力乡村共同富裕的对策建议

1. 明确乡村林业生态共富的战略目标和任务

将生态共富作为高质量发展建设共同富裕战略的重要内容，坚持经济共富优先的务实原则，以提质增效为主要目标，突出森林生态资本禀赋优势在乡村共富中的重要作用，纳入乡村振兴发展规划和计划，实施乡村林业生态共富新战略。

围绕全国林业推进共同富裕示范建设的目标，强化政策赋能，集聚优质生产要素，盘活各类森林生态资源，统筹推进山水林田湖草系统治理，以优越的森林生态环境创造优质的投资环境，推动森林生态资本向生态共富效能的转变。

聚焦森林生态资本提量增值、生态提质增汇、产业提效增收和政策管理提智增效四个维度，加大试点示范建设力度，打造一批具有林业辨识度、看得见摸得着、可复制可推广、有社会影响力、群众有获得感的先进典型和示范经验，加快形成高质量、系统性、普惠性的林业发展新格局和乡村生态共富新场景，实现乡村生态产业及生态质量全面拓展，乡村农民从生态产业发展和生态建设保护中的收入有实质性增长，林业共富能力显著增强，通过不断探索创新乡村生态共富的实践路径，为高质量发展建设共同富裕示范区提供生态共富样板。

2. 探索持续提升森林生态产品价值转化效率助力乡村生态共富新路径

第一，探索林业生态共富的产品价值实现路径。

一是实现生态资本提量增值。持续加大生态脆弱山区重要自然生态系统保护修复力度，优先实施自然生态系统保护修复国家工程，大力实施森林质量提升工程，不断提升森林生态系统服务功能，巩固生态资本存量，提升森林生态产品的高质量持续供给能力。

二是实现生态产业提效增收。通过吸引资本、科技、人才等要素上山入林，推动各地依托本地区森林资源与生态产业发展潜力，大力发展木本油料、林下经济、花卉苗木、竹木制造、森林康养等绿色富民产业，加强木本粮油供给，进行良种更新和低产林改造，形成益农森林生态产业体系，实现森林生态资源优势转化为经济优势和农户增收优势。

三是优化生态产品实现路径。重点从创新森林生态产业化经营模式、促进森林生态产品价值增值、推进森林生态产品供需精准对接、推进森林生态资源权益交易、健全森林生态保护补偿机制、健全保障机制以及建立推进机制等主要方面，因地制宜制定具体政策措施，不断优化生产要素的投入结构，进一步提高森林生态资源配置效率和生态产品价值实现效率，为全国探索森林资源富集地区森林生态产品价值实现机制提供示范样板。

四是实现生态产品购买增效。以全面推进乡村振兴助力生态共富为出发点，结合生态产品价值理论，加快建立健全生态公益林以及湿地等自然生态系统生态产品的财政购买制度，不断健全财政转移支付政策、森林生态补偿制度、生态公益岗位制度、生态建设保护工程补助政策、绿色金融助贫政策等财政支持政策体系。

五是实现生态资本运营增效。加快建立健全地区间森林生态价值交换制度，探索建立森林生态产品价值核算和交换机制，构建森林生态产品价值核算体系、价格体系、交易体系，健全森林生态产品管理、开发和运营平台，对细碎化的森林生态产品进行集中收储和整合优化，打包整体推向市场，促进森林生态产品价值向经济发展和生态共富优势转化。

六是要切实建立健全面向基层生产一线的林业技术服务体系，加大新科技产品的推广应用力度，通过技术进步提升森林生态产品价值实现效率。

第二，探索林业生态共富的财富共享路径。

一是健全项目的益贫瞄准机制。加快健全生态帮扶政策对乡村相对低收入人口精准瞄准识别机制，乡村振兴帮扶和生态保护修复政策要重点向生态脆弱的脱贫地区倾斜，优先安排低收入农户参与项目建设。

二是健全帮扶项目与低收入群体的利益联结机制。持续支持和引导低收入农户以林地承包经营权、林木所有权以及劳动力资源为要素，创新林地经营权流转证发放制度，深入推进林业“三权分置”，通过入股分红、订单帮扶、合作经营、劳动就业等方式，推进林业股份合作制改革，推广林木、林地和家庭林场等三种股份合作制模式，引导工商资本与农户建立利益联结机制，推进林业产业规模化经营，引导农户参与生态产业发展、生态保护修复以及生态补偿政策和项目建设管理全过程，并据此分享资金、工资以及入股分红，构建牢固的农户利益联结与共享机制。

三是加快林业金融改革。持续推广林权抵押贷款新模式，开启森林碳汇价值质押贷款，创新推广森林保险新险种，开展森林资源气象指数保险等地方特色品种保险，多渠道全方位保障农户利益。

第三，探索林业生态共富的有效治理路径。

一是提升林业共富行政审批便利化水平。提高林业共富数字化管理和服务能力，深入推进林业“最多跑一次”改革，持续改进涉林审批管理，建立“双随机、一公开”事中事后监督检查制度。

二是健全低收入人口返贫风险预警机制。完善低收入人口后期扶持，实行差异化的帮扶资金配套政策，严格帮扶资金审计。

三是提升基层治理能力。加强基层帮扶队伍建设，引入帮扶专职公务员，创新精准考核机制，加大对帮扶工作整体成效指标的考核。

四是完善第三方评估与反馈机制，建立评估结果的激励措施与追究问责机制。

五是提高治理效能。健全统一高效的生态共富决策议事协调工作机制，编制完善“十四五”时期乡村生态共富战略规划，把强林富农作为创新发展的第一目标，大力推进兴林富民行动，将其作为林业共富的重要指标纳入政府共同富裕目标考核责任书，严格奖惩与追责制度。

创新生态产品价值实现机制，实现浙江山区县高质量发展的对策建议*

尹国俊　沈月琴　朱臻　等**

山区县实现跨越式高质量发展，必须发挥自身优势，走生态发展之路。浙江山区县围绕生态保护、开发和利用，实现了生态产品价值的“可持续”“可度量”“可变现”“可融资”。但也存在生态补偿机制不健全、产业生态链发展程度低、生态创业资源不足和生态产品溢价不明显等现实问题。浙江山区县应进一步创新生态产品价值实现机制，扎实打造山海协作工程的升级版。

一、浙江山区县生态产品价值实现机制的探索及其成效

1. 加强生态保护与治理，实现生态产品价值“可持续”

保护生态环境就是保护生产力，改善生态环境就是发展生产力，这已经成为山区 26 县的共识。例如龙泉坚持生态优先，守住绿水青山“金饭碗”。一是以严格保护促生态增值。全面落实环保“三线一单”，严格执行“区域环评＋环境标准”。二是以大搬快聚促生态修复。以重点生态保护区域、水源敏感脆弱区域为重点，有序推进异地生态搬迁，让山区百姓搬得出、稳得住、能致富。

2. 落实 GEP 自动核算体系，实现生态产品价值“可度量”

山区 26 县积极探索生态产品价值核算指标体系、具体算法、数据来源和统计口径等，加快构建生态产品价值核算地方标准体系，推动生态产品价值核算结果应用。作为全国试点，丽水市制定了涵盖三大类 145 小项的生态产品目录清单。在试点基础之上，出台了全国首个市级《生态产品价值核算技术办法（试行）》和《生态产品价值核算指南》地方标准，并与中国科学院生态环境研究中心合作推进国家标准制定工作。逐步建立了市、县、乡、村四级生态系统产品价值核算体系，景宁畲族自治县完成了全国首个乡级 GEP 核算。

---

* 本文为“社科赋能山区 26 县（跨越式）高质量发展行动”研究成果。

** 作者简介：尹国俊，浙江农林大学浙江省乡村振兴研究院副院长、教授；沈月琴，浙江农林大学副校长、浙江农林大学浙江省乡村振兴研究院院长、教授；朱臻，浙江农林大学经济管理学院副院长，浙江农林大学浙江省乡村振兴研究院农林经济与乡村产业发展研究中心主任、教授。

3. 构建生态产品市场交易平台，实现生态产品价值“可变现”

按照“谁使用谁保护、谁受益谁补偿”原则，形成纵向为主、横向为辅、纵横联动的生态补偿转移支付政策和制度体系。例如，丽水市建立了绿化增量责任指标、清水增量责任指标、森林覆盖率等资源权益指标交易机制，创建“近零”“净零”先行示范区。建立了市、县、乡三级农村产权交易平台，农村林地使用权等12类产权都可以交易、抵押和贷款。

4. 构建绿色金融支撑体系，实现生态产品价值“可融资”

山区26县聚焦金融与产业绿色化协同发展，探索构建以绿色信贷、绿色债券、绿色保险等为主要内容的绿色金融服务体系。龙泉市通过农村商业银行开展地役权补偿抵押贷款，农户可获得放大20倍的贷款，已经发放46笔，共计750万元贷款。推出了“生态通”金融产品，AAA级“生态绿码”市民亮码最高可授信100万元；探索建立了个人、企业和行政村三个主体的生态行为五级量化评分制度，建立生态信用行为与金融信贷挂钩联动奖惩机制。

二、浙江山区县生态产品价值实现中的问题及原因分析

1. 生态补偿机制不健全

流域横向生态补偿机制不统一，难以实现流域生态补偿协同管理。区域间的横向补偿机制不完善，各市（县）政府间协商机制缺乏，对于补偿的标准核算理解不一。主要原因一是初始排污权难以确定，科学界定上下游责任关系是横向补偿的基础，不明晰的责任关系会造成流域生态补偿管理的非连续性和利益冲突；二是缺少切实的评估核算标准，加之数据采集困难，造成补偿方式和标准不统一。

2. 产业生态链发展程度低

农产品产业链条延伸不足，加工、营销、消费环节和文化价值有待开发。“丽水山耕”旗下的农产品品牌价值挖掘多局限于种植环节。山区县普遍缺少龙头企业，工业企业产业链集中在零部件制造和加工组装阶段。企业规模普遍偏小，技术档次不高，难以与主流品牌形成稳定的合作关系。文旅项目开发宣传不够。文旅项目缺少与第一、二产业的融合联动。文旅项目知名度不高。

3. 生态创业资源不足

创新创业主体有待培育，众创空间、星创天地不活跃，人才、科技、资金瓶颈明显。龙泉在小微企业园内设立10多家众创空间，但效果并不理想，孵化成功率不到10%，创新创业平台可持续经营能力不足，更多地依赖政府补贴生存，根本原因在于创新创业人

才不足。虽然积极依靠项目吸引科研院所人才，但是候鸟式的人才使用方式无法承担地区自主研发和产业升级的发展需求。

4. 生态产品溢价不明显

品牌构建过程中缺乏规范管理，质量标准模糊，缺乏对产品的监管与追责体系。而且生态产品中初级农产品的比重大，销售的单纯就是生态农产品的使用价值，而具有生态标签和质量信号的品牌价值不能体现，很难创造更多的经济价值实现生态溢价，制约了区域生态农产品品牌的建设和发展。“丽水山耕”品牌旗下农产品平均溢价率也只有30%左右。

三、促进浙江山区县生态产品价值实现的对策建议

1. 强化生态产品的市场开拓

一要大力发展产业化组织。通过建设生态农产品生产基地、支持生态农业龙头企业发展等方式，将小农户集中起来，实行生产、加工、销售和服务于一体的产业化经营，形成规模经济，提高品牌产品市场影响力。二要着手建设长三角生态安全农产品供应地。积极参加东部沿海地区和省级大型展会，开拓电子商务等新的销售模式，加强与长三角地区蔬菜集团、大型超市等主体合作。三要借助数字化信息平台完善生态产品溯源体系。建立健全绿色优质农产品认证认定和质量安全可追溯体系，解决生态产品追溯信息应用反馈动力不足的问题。

2. 加强生态文化品牌的产业延伸

（1）做大做强钱江源-百山祖国家公园品牌。积极争取把钱江源-百山祖国家公园试点区纳入国家公园正式设立名单。充分利用国家公园特许经营制度，支持国家公园范围内的相关生态产品品牌化开发，鼓励“钱江源-百山祖国家公园”区域商标注册，推广文旅结合生态化经营模式，培育和发展国家公园文创产业。

（2）拓展文化生态产业链。支持龙泉青瓷宝剑、龙游宣纸、磐安五味、松阳香茶、景宁惠明茶、开化根雕、青田石雕、遂昌黑陶、江山西砚等历史经典产业的精工化制作、数字化营销，着力拓展上下游产业链，促进核心产业与配套产业的有机联动，培育高能级文化产业集群。

（3）建设田园综合体。依托山区“一县一品”，采取村社融合、委托经营、集资入股等多种形式，挖掘特色生态文化创意元素，发展以康养为特色的田园综合体，有效推动森林康养、乡村民宿、教育培训等康养业态深度融合发展，实现核心产业与配套产业的有机联动。

3. 优化生态补偿机制的顶层设计

一是进一步完善生态产品价值的核算办法。推进浙江省《生态产品价值核算技术办

法》和《生态产品价值核算指南》出台，建立统一标准。二是以水资源为突破口，探索生态产品横向补偿机制。出台《浙江省跨市、县（市、区）流域横向生态补偿管理办法》，建立统一的流域生态补偿管理方法，界定初始排污权单位、上下游的责任关系和各相关管理部门的职责范围，明确生态补偿实施条件、范围、原则、标准，推进瓯江流域协同生态治理。在积累水资源横向补偿经验基础上，进一步探索林、田、湖、草、气等生态产品补偿机制。三是加大省级生态环保财政转移支付力度。资金按因素法分配，与生态红线占比和林、水、气等绿色指标挂钩。

4. 推动山区竹木产业的转型升级

竹木产业是许多山区县的重点产业，应该将竹产业作为兼具生态经济综合效益的特殊产业加以对待，既要重视竹材资源利用，又要发挥其独特的固碳作用。一要着力解决初级加工难题。在竹林重点产区，加快推进“毛竹半成品加工基地”和“竹制品初级加工小微园区”建设，解决本地区笋、竹等原料的出路。二是着力推进竹林规模流转。制定竹林流转奖补政策，出台林地经营权流转与农村居民参加养老保险的联动机制，吸引社会资本特别是龙头企业投资林业，促进林地规模化集约化经营。三要着力加快产业转型步伐。推动竹人造板、竹工艺品等传统产业绿色化改造，支持竹饮料、竹基纤维复合材料、竹药品等新兴产业发展，强化废弃物综合利用，打造全竹循环利用体系。

5. 打造“山海协作工程”的新优势

必须跳出山区看山区，按照“山海融通”思路构建新时代“山海协作工程”。“山海融通”是山区与东部沿海地区创新资源与生态产品的双向对流，构建双赢的省内大循环。它侧重基于市场牵引的交流与合作，而非传统基于政府驱动的结对帮扶。一是打造双向产业飞地、科技飞地。合力共建高能级创新平台，通过项目开发与经营形式，搭建资源、产品双向对流互通的桥梁，推进人才、科技、产业、金融、服务等各领域深度接轨。二是跨区域强化“两进两回”措施。推动东部发达地区工商资本到山区县“上山下乡”，引导经济强区优秀创投企业、团队参与山区县创新创业活动；以科技特派员制度为纽带，强化涉农高校和科研院所对山区县的科技支撑；优化全省高校涉农专业学生的山区定向招生制度，鼓励青年回乡。三是畅通交流渠道。通过定期举办展销会、博览会等形式，加强信息沟通；通过数字乡村建设，实现信息共享；加大交通升级的力度，降低交易费用，拉近发达地区与山区县的心理距离。

文化振兴研究

以松古灌区遗产申遗成功为启示，推动提升浙江省农业文化遗产保护工作的对策建议*

缪鲁加　骆天　任燕**

习近平总书记在给全球重要农业文化遗产大会的贺信中指出，要坚持在发掘中保护、在利用中传承，不断推进农业文化遗产保护实践。浙江省把农业文化遗产工作放入共同富裕大场景中谋划推动，探索农业文化遗产动态保护与可持续发展的新路径。本文通过调研，分析了松阳松古灌区的遗产保护与活化利用情况以及存在的问题，提出了相关对策建议。

一、松阳松古灌区的遗产保护与活化利用情况

1. 松古灌区历史悠久、遗存完备、资料翔实

松阳先民自先秦起就在松古平原上依势筑堰建渠，经过数朝提升改进，松古灌区形成了堰塘井渠合理布置、引蓄灌排有序组织的灌溉网络，建立了因地制宜的灌溉工程体系。具备现代工程特征的松古灌区用水体系沿用至今，灌溉面积16.6万余亩。现存40多座的古堰圳渠，是松古灌区灌溉工程的典型代表，历经千年仍在原址上引配水源，发挥旱涝控制和灌溉取水功能。

2. 农业遗产独特的历史价值印证了悠久的中华农业文明源流

松古灌区是中国农耕文明形态保留最完整、乡土文化传承最好的地区之一，是浙西南以及瓯江流域最大的盆地灌区和丽水最大的产粮区，素有“松阳熟、处州足”之说。松古灌区水利工程设计精巧、体系完备，运用了当时经济社会条件下最为先进的设计、材料和工艺，处处彰显古人的智慧，可列为现代水利典范。松古灌区内每座古村落都具有地域性和唯一性，承载了绚烂的民俗文化。绵延千年的板龙、山边马灯、竹溪摆祭、迎神赛会等非物质的水事民俗，榜文、文选、碑刻、摩崖石刻等物质遗存，为探究农业

---

* 本文获得浙江省领导批示。

** 作者简介：缪鲁加，浙江农林大学浙江省乡村振兴研究院副研究员；骆天，九三学社浙江省委员会组织部部长；任燕，松阳县社会科学界联合会副主席。

遗产文化提供了完备载体。

3. 松阳积极谋划和推动松古灌区申报世界灌溉工程遗产项目

松阳非常重视松古灌区遗产的保护、修复和挖掘、展示、传承工作。2017 年启动创建水文化公园。该公园于 2019 年落成，是丽水市首个水文化主题公园，园内的水利博物馆也是省内目前唯一一个县级水利博物馆。2021 年，松阳成立工作专班、调配专业人员、专款专用，积极筹备，并于近日成功申报为世界灌溉工程遗产，为浙江省唯一入选遗产。

二、浙江省农业文化遗产保护存在的问题及对策建议

目前，浙江省农业文化遗产保护和利用还存在一些问题和制约因素。一是传承利用手段与载体相对单一、保守，有的是碎片化静止化保护，活态传承、创新利用有待加强，农业文化遗产丰富内涵和重要价值的挖掘大有文章可做。二是农业文化遗产与地域发展融合不足。农业文化遗产保护是一个复杂的社会系统，涉及多个部门，需要多方参与，但目前缺少统一协调、统筹谋划的联合工作机制，形不成有效的工作合力。三是农业文化遗产保护品牌化发展不足，对农村经济稳健发展的带动作用不强，对乡村振兴的推动作用不够。对此，建议以松古灌区遗产申遗成功为启示，推动提升浙江省农业文化遗产保护工作。

1. 进一步推动各地农遗保护、建设工作，打造“一县一策”的县域方案

一是建设浙江农业遗产标志性工程。学习借鉴绍兴会稽山古香榧群、湖州桑基鱼塘系统、青田稻鱼共生系统等经验做法。将本地农业资源与农遗文化有机结合，形成集设施展示、非遗研学生活、特色文创产业为一体的农业遗产特色园区，推动浙江特色农遗的创意性跨越式发展。

二是竞选全球重要农业文化遗产相关工作。增强全面保护意识、深化遗产规划利用、构建系统化运行机制。接续完成全省全球重要农业文化遗产推选工作，将农业遗产纳入“两个先行”高质量发展总体框架，走出特色遗产可持续转化的致富道路。

三是科学谋划全区产业及周边区域。整合浙江自然禀赋和发展路径的综合价值，立足省域承载能力、区位条件、产业基础和功能定位，以全省遗产体系链为建设方向。统筹政府投入和引进市场主体专项规划参与农业遗产相关产业耦合工作，打造浙江农业文化遗产产业链经典品牌。

2. 进一步做好农业遗产的凝练、保护、开发和传播工作，促进农业文化遗产与地域发展融合

一是构建农业遗产传播体系。依托各遗产地高校优势，积极开展校地合作，通过

开设遗产保护课程、举办“产业赋能遗产保护”等联合实践活动，引导社会各界开展“农业文化遗产”文创。以历史遗迹、农遗展馆、文化课堂等为载体，组织现实生产、场景搭建、工程技艺等科普讲座和沙龙活动。与共青团浙江省委员会、省农业农村厅、省文旅厅等多维联动打造农业文化研学精品路线。运用农民丰收节、各地农博会等平台策划宣传“农业文化遗产”，加快制定本地重要农业文化遗产资源名录，解码地域文化基因。

二是研究明确农业遗产发展定位。以可持续发展为目标，构建上下协作、内外联动的研究机制，建立健全多元主体的遗产保护手段和高效的研究开发机制。融合各地物质与非物质的地域农业文化遗产与规模化产业发展，推进农文旅融合、产业链升级、生态农业理念熔铸于农业遗产的研究体系中。

三是科技赋能农业遗产保护与开发。科技是赋能文化遗产保护，推动优秀传统文化创造性转化、创新性发展的关键筹码。在农业遗产数字化及活化利用上，通过运用5G、大数据等技术与产业联动集聚，推动生产要素耦合和遗产地特色农产品输出。未来，通过文化遗产领域和科技界联手对农业遗产和文保经验的梳理，鼓励文化与技术的深度耦合，优化遗产地产业布局，实现农业遗产保护与推动文保成果全社会共享和现代乡村振兴有效融合。

3. 进一步深化农业遗产价值的活态转化工作，贡献“两个先行”可行性方案

一是综合转化农业遗产资源，建设特色优质农产品品牌。持续以绿色发展的眼光，发掘遗产地相关的多元价值，助力农业生产、历史寻迹旅行、农遗品牌发展，将各地农业文化遗产打造为引人入胜的共富新路径。以农业遗产资源为先导，培育区域性农遗品牌，积极推进品牌标准制定、推广和应用。让农业文化遗产真正“活”起来，带动和发展一批绿色农业子品牌，在现代化先行中实现农业先行、城乡协同共富，真正成为浙江乡村产业高地建设极具辨识度的标识。

二是特色转化农业遗产价值，全面构建农文旅融合的动态发展模式。凭借得天独厚的生态禀赋，结合“千万工程”，全省可运用本地农业遗产谋划建设高水平生态文明和高质量绿色发展示范区。将生态和景观优势转化为带动特色农业及文旅事业的产业优势。推进农业遗产活化利用和传承，从而打开“两山”绿色发展转化新通道，全力建设共同富裕示范区。

三是农业遗产特色文化助力浙江底色的乡村文化振兴。农业遗产承载了农业耕作的经验和智慧。发挥以农业遗产为典范的各地经验，使乡村特色农业产业的发展成为融合“两个先行”战略的坚实基础，融入推进以县城为重要载体的城镇化建设。在高质量创建乡村振兴示范省模范体系中，指导山区地域共富项目、特色现代化的开展。

四是充分发挥区域内各产业协作机制，构建现代化农业生产体系。推进农遗保护的数字技术创新和应用工程的开展。加快贴合现代农业发展的区域续建配套和提升改造工程。

五是创新合作方式和吸引多元参与主体的加入。通过政府、企业、合作社的通力合作、共赢发展，扭转单靠农业致富的局面。将农业遗产作为区域发展的新亮点，成为引导区域内农业产业发展的新热点。打造全域美丽全民富裕大花园和浙江特有的历史遗产示范区。

以磐安“图书馆＋旅游”模式为启示，推动文化赋能山区 26 县乡村振兴的对策建议*

缪鲁加　王欣　王庆　等**

目前，浙江省正大力推进“15 分钟品质文化圈”建设，磐安创新“图书馆＋旅游”模式，打通了产业与公共文化服务的协同发展通道，实现了文化与产业相互融合赋能。本文总结了磐安“图书馆＋旅游”模式的典型经验，提出推动文化赋能山区 26 县乡村振兴的对策建议。

一、磐安“图书馆＋旅游”模式的典型做法与经验

目前，磐安已建成新型文化示范空间 17 个、企业阅读吧 12 个、智慧书屋 50 个，形成了公共文化服务与旅游产业双向融合发展的局面，实现了物质生活与精神生活“双共富”。

1. 多方共建，夯实“图书馆＋旅游”的全维联动基础

按照“部门协作、企业参与、共建共享”的工作思路，形成政府、市场、社会多元主体主动参与提供公共文化产品和服务的格局。一是部门协作壮大优势。联合城建、交通等部门，整合部门资金，统筹在县城中心、客运车站、市场等地建设多业态图书馆，打造互联式的公共文化服务体验。二是乡镇参与完善配套。乡镇整合资金 800 多万元，在乡镇建设图书分馆，植入旅游文化元素，多形式扩大公共服务覆盖面，实现有旅游的地方就有公共文化服务配套设施。三是企业参与丰富业态。积极引导和鼓励企业参与公共服务体系建设，积极在民宿植入公共文化服务，提升业态多样性，投资 23 亿元建设的玉岑山居项目通过引入重山书屋等业态，成为游客喜欢的打卡点；引进康巴克企业投资 1 700多万元参与共建的云峰驿站、江南药镇等图书馆，2021 年接待游客数超 3 万人次。

2. 多点延伸，扩大“图书馆＋旅游”的辐射服务范围

以打造“10 分钟品质文化生活圈”为目标，推动公共服务空间向酒店、民宿、景区、

* 本文获得浙江省领导批示。

** 作者简介：缪鲁加，浙江农林大学浙江省乡村振兴研究院副研究员；王欣、王庆，浙江农林大学。

乡村等地延伸，拓展更多的阅读空间。一是书屋阅读吧向景区景点延伸。在全县主要景区的游客中心设立书屋，给游客和读者提供游与学的创意体验。目前已建成集图书借阅、游客休息、文化传播等多功能服务于一体的游客中心书屋 20 家，总藏书 2 万余册。二是展示书架向酒店民宿延伸。磐安将图书分馆融入酒店、民宿，在县内重点酒店、民宿增加阅读功能，打造书香大堂，让酒店、民宿更具有文化味。目前，图书阅读角在涉旅酒店、等级民宿的覆盖率达到 96%。三是智慧书屋向公共文化服务空白处延伸。在全县公共文化服务空白处补充式植入智慧书屋 50 个，使磐安成为全省唯一拥有智慧书屋的县域。通过智慧书屋拓展公共文化服务半径，实现通借通还，满足村民游客便捷阅读需求。

3. 多业融合，丰富“图书馆＋旅游”的扩展衍生功能

对图书馆进行多业态整合，改变图书馆传统的阅读功能，融入信息咨询、活动体验、非遗传承、文创展销等功能，打造“阅读＋购物”的沉浸式消费场景。一是融入游客接待功能。在全县的图书分馆、阅读吧中植入游客接待功能，实现全域旅游一张图、导览二维码全覆盖，方便游客咨询、休息、阅读，聚集人气。2021 年到馆游客、读者达 16 万人次，服务人次超过 20 万。二是融入互动体验功能。在各处的图书馆中加入活动、会议、奶茶咖啡吧等新元素，打造多元化的休闲空间。在盘峰书院等乡村图书分馆，利用 2 000 余名文艺轻骑兵、6 支文化小分队宣讲十九届六中全会精神等形式，形成文化旅游交互体验。三是融入传统文化展示功能。在图书馆中加入磐安特色的文化民俗、中医药等元素，将非遗传承培训、非遗文化手工制作体验搬进图书馆，为游客提供长期、固定且内容丰富的文旅体验打卡点。

二、系统推动文化赋能山区 26 县乡村振兴的对策建议

1. 系统构建，建立“城乡一体”的图书馆神经网，促进城乡公共文化服务均衡发展

一是串联“县、镇、村”，构建“总、分、末”三级图书馆神经网。建议设县（区）级及以上图书馆为总馆，向镇、村二级图书馆提供丰富管理经验与馆藏书籍支持，统一协调各级图书馆文化活动；设村镇图书馆为分馆，鼓励进行多业态融合改造做实做精群众文化活动，对接群众阅读需求；在文化服务空白区普及覆盖“无人书店”“智能书柜”“小型书吧”等形式的阅读空间作为“神经末梢”，“小而美”多点深入群众基层生活。二是精准实施“一县一策”，推动图书馆标准化高质量建设。建议省文旅厅制定相关政策，引导鼓励公共图书馆承担阅读、学习、娱乐、文化、健身等活动；开展年度“最美乡村图书馆”评选，建立以“指标导向、专家评审、村民打分”的评价体系，提供运营经费布置与挂牌奖励，提升各级开设乡村图书馆建设的积极性；将乡村闲置农房、废弃住宅等闲置宅基地改造为乡村图书馆，在景区、游客集散区、酒店民宿、交通站点、产业集聚区等人群聚集处开辟“流动书屋”等。三是推进“线上联动”“一码统管”“平台共享”，构建数字化图书馆。推广“图书码”健全乡村图书馆数字借阅流程，实现图书数字

化管理。对乡村图书馆进行“数字化”改造，运用大数据技术记录图书借阅情况，精准研判村民阅读喜好、借阅习惯，指导图书采购与配置。将乡村图书馆使用情况、活动信息、书籍信息等上线村镇线上公共服务平台。

2. 产业赋能，扩展“图书馆＋”模式，实现文化服务与产业经济互促发展

一是深化“图书馆＋产业”模式，以图书馆为载体，文化赋能产业融合发展。建议各县结合乡村优势产业，在景区景点、游客集散地、交通站点等地的乡村图书馆放置产品宣传栏、产品体验点，依靠图书馆良好的文化氛围吸引消费者消费。发挥乡村图书馆承接交流会、学习会等的能力，为产业学习、经验互鉴提供场地。有条件的乡村在乡村图书馆建设中加入专业性的直播场景，为乡村农产品销售、手工艺品等文化产品售卖、乡村风景推广提供专业场所。二是创新“图书馆＋文化”模式，以图书馆为触媒，推动乡村精神共富。结合地域文化建设乡村图书馆，将其作为以农耕文化、宋韵文化等为代表的乡村文化集中宣传、展示空间；开展乡村非遗、传统手工艺、家风宣讲会等村民喜闻乐见的活动，并结合乡村新制度新举措的推行，开展政策学习会等活动，引导村民自治；依托乡村图书馆吸引文创企业、工作室、团体入驻。三是构建“图书馆＋学校”模式，以图书馆为场景，普及丰富乡村教育。建议乡村图书馆与高校、中学结对，发挥高校等在藏书、志愿活动等方面优势，为乡村图书馆发展破解资源困境；依托乡村图书馆，建立针对中小学的常态化志愿服务机制，鼓励在职教师参与志愿服务，在“双减”背景下丰富乡村中小学生课余生活；建议乡村会同高校开展乡村图书馆志愿服务培训活动，提升乡村志愿者服务水平，增强乡村自我造血能力。

3. 提升服务，深化多主体参与的图书馆服务体系，推动公共文化服务可持续发展

一是积极引导多元主体参与乡村图书馆建设，破解缺资金、难维护困境。建议省文旅厅及各级政府构建“政府引导、企业参与、村民共享”的运营体系，由政府承担引导审核，提供图书等资源的责任，企业提供资金、场地、维护等条件，村民参与书屋全程建造与书屋活动的乡村图书馆建造维护模式。鼓励新乡贤参与乡村书屋建设，建立新乡贤宣传墙等标志性节点，宣传新乡贤文化，同时利用新乡贤的群众影响力，激发乡村图书馆活力。二是规范乡村图书服务体系，“明主体”“列清单”提升乡村图书馆服务水平。建议设立“乡村读书管理员”，选派志愿服务经验丰富，具有一定图书管理能力的专人负责乡村图书馆的日常运营；细化乡村图书馆服务制度，设立包含开放免费、借阅免费、每周最低开放时长、最少沙龙、展览等活动开展次数等硬性指标，建立科学规范的图书馆管理服务制度。三是打造县域品牌图书馆，“抱团发展”“品牌宣传”发挥集聚样板效应。建议各区（县）打造专属乡村图书馆品牌，通过统一标准、统一标识、统一服务，展现品牌魅力；由区（县）政府引导品牌发展方向，各村镇本着符合自身特点的异质化发展原则，不断扩充品牌内涵；各村镇在乡村图书馆活动宣传方面构建品牌IP虚拟形象，结合短视频、公众号等线上方式，形成新消费热点。

关于加快推进宋韵文化与杭州市公共文化体系全面融合的对策建议*

徐达　蔡域　等**

宋韵文化作为具有中国气派和浙江辨识度的重要文化标识，是浙江省加快推进新时代文化高地建设的重要抓手与呈现窗口。杭州市委、市政府始终致力于以高标准打造宋韵传世工程，高度重视宋韵文化的挖掘传承与创新发展，形成了一批省内领先的研究成果与展示窗口。本文对杭州市宋韵文化现有推广经验进行了系统总结，剖析当前宋韵文化融入杭州市公共文化体系的积极意义，对于推进宋韵文化元素与杭州市公共文化体系全面融合提出了对策建议。

一、宋韵文化在杭州市公共文化体系推广融合已有实践经验

1. 杭州健全宋韵文化理论研究体系，在历史传承与学术造诣上深入挖掘其精神内涵

杭州作为南宋文化的集萃地，传承延续文化脉络，探索传播普及宋韵文化责无旁贷。当前杭州致力于以高标准打造宋韵传世工程，省市区共建宋韵文化研究传承中心在杭州上城区文化中心挂牌成立，一体化、整体性、多方位地推进宋韵文化挖掘、保护、提升、研究、传承工作。目前上城区打造具有宋韵文化传播特色的杭州书房、书店，以及杭式宋韵雅文化生活体验点，美学展陈空间，联合成立了“悦读宋韵联盟”并授牌。相关组织部门联动社会各界多次召开宋韵文化理论与艺术座谈会，系统研究宋韵文化的内涵与外延、历史价值与当代意义等，为宋韵文化传承展示提供坚实学理支撑；相关宋韵文化传播活动鼎力举办，《宋韵文化简读》新书发布会、宋韵文化展、宋韵文化节陆续开办，权威专家全位贯穿、精细解读，带领群众走进宋韵，把握文化传承精髓。

---

* 本文获得杭州市相关领导批示。

** 作者简介：徐达，浙江农林大学风景园林与建筑学院党委副书记、浙江农林大学浙江省乡村振兴研究院副教授；蔡域，浙江农林大学在读研究生。

2. 杭州加强宋韵文化的传承融合，发挥杭州南宋名城的历史地理基础和文化资源优势

杭州作为宋韵文化展示的重要区域，担起“挑大梁”的责任，以基本文化元素数据库为基础，科学解码德寿宫、南宋官窑、八卦田等重点宋韵文化元素。市社会科学界联合会（院）将联合相关部门，开展“宋韵杭州十大遗迹”评选活动，推出宋韵文化遗迹研学线路，合力推进宋韵文化的落地与传播，打造具有浙江辨识度的文化标识。杭州发挥宋韵文化的地理辐射优势，通过工程项目载体落地，启动德寿宫遗址公园暨南宋博物院（一期）建设，珍护宋韵文化遗存，展示南宋文化传承，助力打造“宋韵牌”，建设杭州宋韵文化地标。杭州发挥宋韵的文化资源优势，以宋茶、宋瓷、宋址等助力解码文化基因，推进宋韵杭式生活系列化，提高宋韵文化的知名度。

3. 杭州将宋韵文化多元化、丰富化和立体化，文化转译与呈现领域不断拓宽

杭州致力于将多元化、丰富化和立体化的宋韵文化元素渗入民众生活的方方面面，对宋韵文化进行创造性转换、创新性发展，运用于多个实践领域，展现宋韵的文化魅力。杭州抓住筹办亚洲运动会的重大历史机遇，创新宋韵文化的国际表达方式，助推杭州城市国际化和提升文化软实力。杭州演艺集团运用声、光、电等技术手段，以“宋韵”为主题打造舞台艺术精品；杭州市天艺幼儿园“宋韵文化启蒙园”正式授牌，对宋韵文化启蒙进行深入实践，展现宋韵对幼儿的珍贵价值；杭州商圈 CBD 上演“遇见宋韵”沉浸式快闪，以年轻人的方式为城市增添宋韵跨越千年的历史厚重感；宋韵美学浸润西子湖四季酒店，推出宋式点茶、金缮修复等常态化宋韵文化系列体验活动。

二、宋韵文化在杭州市公共文化体系推广融合的价值意义

1. 凸显杭州历史地位，展现城市文化变迁发展风貌

传承城市传统风貌和文化多样性，延续城市历史文脉，打造鲜明文化特色。宋韵文化注重吸收传统建筑的养分，保存杭州传统风貌和个性，利用亚运契机助推杭州经济、社会、文化发展，融入厚重的城市文化积淀，体现独特的风格和品位，展示优美的杭州形象。

2. 提升杭州知名度美誉度，精神文明高度发达的标志

宋韵文化的推广融合有利于提升城市文化自信和精神气质；其民本思想、爱国主义、学术自由等精神内核符合社会主义核心价值观，有利于杭州形成良好的社会道德水准、文明素养和思想觉悟，促进文化事业和文化产业发展，不断提供健康向上的精神文化产品，提升人民群众的获得感、幸福感、安全感。

3. 彰显杭州城市文化共情，推动内循环经济发展

杭州市文化产业正在从数量的高速增加逐渐向品质优化、融合发展的方向转变，宋韵文化的推广融合有助于深入推进供给侧结构性改革以及提高消费者的精神境界，市民在工作之余能够与历史建筑遗产产生文化共情，沉浸式感受历史文化价值的精髓。从精神层面丰富市民及游客的文化体验，在推动城市高质量发展的同时促进文化进步，推动社会主义精神文明和物质文明协调发展。

三、宋韵文化与杭州市公共文化体系全面融合的对策建议

1. 系统性规划，挖掘梳理宋韵文化衍变脉络，深入筑实杭州名城文化家底

一是加强政府顶层设计、图书馆与学界紧密合作的宋韵文化元素整理模式。成立宋韵文化交叉融合学科研究联盟，坚定理论自信和文化自信，以宋韵文化学术创新强化杭州市价值引领，凝聚思想共识，激发创造活力；打造“杭城宋韵学术”名片印迹，持续转录宋韵文化辑刊、丛书、普及读本工程，繁荣杭州哲学社会科学。二是加强杭州区域文化资源开发，促进宋韵文化与杭州各地传统文化共振。加强文化遗产保护，有序推进杭州市宋韵文化的钻研、吸收、活化、展现。如活化南宋临安城遗址，推动临平宋韵文化集中展示区科学性落地；整合玉皇山南北文化资源，构建连通江湖的宋韵文化带；挖掘西湖、西溪、运河、钱塘江、湘湖等所蕴含的宋代文化。融糅方言、宗教、场馆、艺术、节会、品茶等杭州特色文化元素，串联宋韵文化与良渚文化、吴越文化、大运河文化、西湖文化等当地特色文化。三是推进宋学精品栏目，迭代杭州宋韵品牌项目。紧扣“设计、生产、消费、传播”四大环节，促进宋韵主题“文化＋旅游”“文化＋农业”“文化＋商业”深度融合，彰显“文化杭州”特色，将“德寿宫遗址”“严官巷南宋御街遗址”、杭州孔庙（杭州碑林）、太庙遗址、八卦田遗址、苏东坡纪念馆等宋韵杭州遗迹与民宿、书院、窑址、农家乐、街区等元素链接，增添文化供给，激活创造潜力。

2. 创造性转化，契合杭州公共文化体系风貌，赋予宋韵文化在杭州市的新时代内涵载体和传播渠道

一是植根宋韵文化立意，转录公共体新模式。推动宋韵文化元素积极融入社区文化家园、乡村书屋等基层文化阵地建设，将宋韵文化公共服务延伸至博物馆、书房、驿站，创造“宋韵文化＋农家书屋”“宋韵杭帮生活圈”等新型节点，融入杭州城乡“10 分钟品质文化生活圈”建设，丰富基层公共文化设施网络。二是创意拓宽推广渠道，结合新媒体途径扩大宣发影响力。通过微信公众号、抖音、微博、小红书等载体，借力商业媒体平台，开展宋韵文化标识传播。通过紧密连接 G 端（政府侧）、B 端（企业侧）、C 端（用户侧），搭建起良性共赢的杭城宋韵合作生态链。充分运用影视剧、直播、游戏 IP 等现代媒介，打造符合当下杭州市民文化审美情趣的专题文化节目，艺术性、创意性地展现宋

韵文化底蕴。三是推动数字化赋能宋韵文化建设，创新驱动杭州文化产业硬核升级。运用人工智能、虚拟漫游、3D、VR、AR等新技术，结合5G技术及元宇宙等最新的科技理念，探索数字场景复原、网上虚拟展览、名人AI复原、历史故事演绎、生活场景重构等南宋文化复刻手段。依托钱江观潮节，西湖博览会等杭州节会，推出宋韵文化主题手办、盲盒、折伞、文化衫、帆布袋等文创产品以及NFT艺术品、虚拟动漫人物、AR人物等虚拟文创。

3. 创新性发展，彰显杭州时代特征，推进宋韵文化传承发展，将其精神内核融入城市文化符号建设工程

一是抓住杭州筹办亚运会的重大时代机遇，做好城市文化软实力提升工作。规划"亚运·宋韵"文化地图，在亚运场馆、亚运村、亚运主题公园、亚运人文体验点等区域的外立面、雕塑、景观小品、花坛、喷泉、叠水瀑布、地面艺术铺装、装饰照明嵌合宋韵文化元素；设计宋韵文化标识系统，从宋韵文化中提取要素构件，进行信息传递、识别和形象传递；推出"亚运·宋韵"相关文创，设计相关衍生IP形象。二是聚焦宋韵文化传承队伍培育，营造杭州全民宋韵文化普及氛围。推出宋韵文化研学基地，将苏公堤、南宋皇城、八卦田等宋韵文化地标与自然教育、爱国主义教育、家风教育等元素相结合，创设宋韵文化主题电子图书、绘画书法、知识讲座，让孩子、居民近距离感受文化熏陶；完善宋韵文化传承人保护与制度建设，定期开展杭州宋代丝绸、瓷器、书画及宋版书籍专题展。三是将宋韵文化内核融入杭州城市符号，不断赋予宋韵文化新的时代内涵和现代表达形式。提取新时代以苏轼、范仲淹、沈括、岳飞、陆游等杭州宋朝文人雅客为代表的精神底色和文化谱系，从诗词文赋、书法绘画、佛道信仰、学术思想、建筑风貌、乡贤名宦、礼俗文化、地域文化等方面，将宋韵文化的多元性、开放性、包容性融入杭州城市文化特色。

我国国家公园保护地文化遗产资源法治保障的对策*

王雨阳　李伟红　陈真亮**

自然保护地文化遗产资源保护，对促进自然保护地体系中的资源可持续发展，生态、经济、文化协同发展，“人民富裕、国家强盛、中国美丽”协同推进具有重要意义。传承中华民族优秀传统文化，应当强化自然资源和文化遗产资源的系统性保护，需要在建设自然保护地体系的过程中确立生态环境与文化遗产协同保护与并重发展原则。然而，我国从国家公园体制试点至“以国家公园为主体的自然保护地体系”建设过程中，更偏向于生态环境的保护，侧重保护地生态产品的共建共享。在国家公园地方立法和行政管理等过程中，普遍存在“重自然保护，轻文化保护”的现象，导致国内大量文化遗产与自然文化双重遗产消失或者面临“消失风险”，文化逐渐失去维护生物多样性的功能。任何物种都不是一座“孤岛”，生物多样性是文化多样性的基底，而文化多样性又是保护生物多样性的原动力，生物多样性和文化多样性往往是协同进化的，所以我国“十四五”规划提出了“建设长城、大运河、长征、黄河等国家文化公园”的重要任务。2021 年 8 月，国家文化公园建设工作领导小组印发《长城国家文化公园建设保护规划》《大运河国家文化公园建设保护规划》《长征国家文化公园建设保护规划》，要求通过生态保护修复、文旅融合开发、推进实施重点工程等方式，加强长城、大运河及长征国家文化公园的建设保护工作。新时期自然保护地需要立法、行政、司法三方共同促进自然与文化遗产协同并重保护，探索自然保护地内文化遗产资源保护的法律保障机制。

一、文化遗产资源保护的立法现状

除《中华人民共和国国家公园法》和《中华人民共和国自然保护地法》的立法进程正在推进外，在已生效的立法中也不乏针对文化遗产资源保护的立法。目前我国保护地内可以适用的文化遗产资源保护的法律法规，主要包括经全国人大常委会批准的联合国

* 基金项目：浙江省哲学社会科学规划课题（编号：22NDJC098YB）；杭州市哲学社会科学规划课题基地项目（编号：2021JD38）；浙江大花园建设研究专项重点课题（编号：DHYA202004）。

** 作者简介：王雨阳，浙江农林大学文法学院在读硕士研究生；李伟红，丽水职业技术学院浙江大花园建设研究院副院长、教授；陈真亮，浙江农林大学浙江省乡村振兴研究院、生态文明研究院教授，硕士生导师。

关于世界文化遗产保护的公约，文化遗产资源保护的专门法等；环境法律中，以《中华人民共和国环境保护法》和《中华人民共和国自然保护区条例》为代表，内容涉及文化遗产保护的规定及地方“国家公园”法规中的相关规定。在第一批国家公园中，我国已有5个国家公园试点地区在立法中确立对文化遗产资源的保护。

1. 文化遗产资源保护的专项立法

针对文化遗产资源保护的专项立法可以分为两类：其一，联合国的国际公约，包括《保护世界文化和自然遗产公约》（以下简称《遗产公约》）和《保护和促进文化表现形式多样性公约》（以下简称《文化公约》）。《遗产公约》意在通过该公约来维护或传播国际范围内具有科学、历史等价值的文化遗产和自然遗产，《文化公约》旨在保护和促进国家范围内文化表现形式的多样性发展。上述两个公约在我国的批准生效，体现了政府在重视保护文化资源的国际合作的同时，也为我国保护地体系的文化遗产资源保护的立法提供参考。其二，制定文化资源保护的法律，即《中华人民共和国文物保护法》《中华人民共和国非物质文化遗产法》等，以及行政法规和部门规章等，目前《文物保护法》正在修订中。文化遗产资源保护的专门法，为我国文化遗产资源保护提供了法律支持，为弘扬中华民族传统文化、精神文明作出了巨大贡献。

2. 文化遗产保护在环境法体系中的具体表达

目前我国环境法体系中关于文化遗产保护的规定主要包含基本法《中华人民共和国环境保护法》，专项保护立法《中华人民共和国海洋环境保护法》等，以及行政法规《中华人民共和国自然保护区条例》《风景名胜区条例》等。

《环境保护法》首先肯定了“环境”包含“人文遗迹”，明确“人文遗迹”作为我国环境法律所包含的对象。同时环境保护的基本原则，诸如“保护优先原则”“公众参与原则”；及《环境保护法》中规定的基本制度，诸如“生态保护红线监督”等都可以适用于文化遗产资源的保护。同时，《环境保护法》确立了政府保护具有文化价值的自然遗产和人文遗产的法律责任，将文化遗产纳入环境法所保护的“环境”中，为保护地文化遗产保护立法提供了基本法的依据。

《海洋环境保护法》第22条规定肯定了海洋自然遗迹的文化保护价值，肯定了自然遗迹并非仅有自然价值。《自然保护区条例》和《风景名胜区条例》表明，具有文化价值的自然遗迹可以成为自然保护区或风景名胜区。《风景名胜区条例》从景区编制和景区管理的角度，提出合理开发景区的文化遗产资源，科学保护、积极宣传景区的文化遗产的要求。特定环境保护领域的法律法规中包含的对文化遗产资源保护的规定，说明环境法律中并未忽视特定领域的文化遗产资源保护，为该领域内文化遗产保护提供了法律基础。

3. 文化遗产保护在国家公园地方立法中的具体表达

我国第一批国家公园试点地区中，有5个省份已颁布国家公园地方条例，即《云南省国家公园管理条例》《三江源国家公园条例》《武夷山国家公园条例（试行）》《神农架国家公园保护条例》《海南热带雨林国家公园条例（试行）》。此外，浙江省丽水市制定了市级政府规章《钱江源-百山祖国家公园百山祖园区管理办法（试行）》，钱江源国家公园管理局和衢州市开化县人民政府联合制定了《钱江源国家公园管理办法（试行）》。其中，地方规范性文件严格来讲并不属于地方立法范畴，但考虑到其在一定区域内具有普遍约束力、在一定时间内具有相对稳定性和能够反复适用等特点，实际上发挥着“准地方立法”的作用。

这些条例中针对文化遗产资源保护的立法内容主要有二。一是明确国家公园的保护对象包括文化遗产资源，保护目标为保护文化遗产资源的原真性和完整性，确保文化遗产资源与公园内的其他资源协同发展。二是确立公园管理机构保护文化遗产的职责。据此，武夷山国家公园要求建立文化遗产资源的保护机构；神农架国家公园要求为公园内的文化遗产保护工作制定工作方案；海南的国家公园通过当地政府和公众共同参与的方式，来编制当地文化遗产目录，负责文化遗产资源的保护工作。

作为国家公园体制试点成果之一的国家公园地方条例，其颁布与实施经验对《国家公园法》或《自然保护地法》的立法均具有重要参考意义。国家公园试点地区依据地方条例而对当地文化遗产资源的保护，对自然保护地体系中文化遗产资源的保护工作具有实践意义。

二、自然保护地文化遗产资源立法的困境

虽然文化遗产资源保护立法已经初见规模，第一批国家公园立法中关于文化遗产资源的保护也有可取之处。但从整体来看，目前保护地文化遗产资源保护立法仍存在许多阻碍保护地文化遗产资源建设与发展的问题。

1.《国家公园法》和《自然保护地法》的立法困境

《国家公园法》的制定是建设“以国家公园为主体的自然保护地体系”中的一项重要工作，是十三届全国人大常委会立法二类规划之一。《国家公园法》与《自然保护地法》的颁布，将改变保护地法律体系不成熟，保护地内的文化遗产资源保护、协调文化遗产资源保护与环境保护的司法实践过程中，因保护地法律的缺乏而产生的环境保护与文化遗产保护冲突等问题。但从目前《国家公园法》和《自然保护地法》的立法进程来看，《国家公园法》处于“草案建议稿”状态，《自然保护地法》则处于“草案第二稿”状态，立法进度缓慢，法律适用存在较大阻碍。从《国家公园法（草案建议稿）》和《自然保护地法（草案第二稿）》的内容上看，全文中关于文化遗产资源保护的规定所占篇幅较少，若该“第二稿”被通过，则自然保护地“重自然保护，轻文化保护”的理念将继续延续，文化遗产资源保护困境难以扭转。

2. 文化遗产资源保护立法未融入环境保护法律体系

目前我国关于文化遗产资源保护的立法中，以《文物保护法》《非物质遗产保护法》为代表的法律仅涉及文化遗产资源保护，并不能涵盖对自然资源的完整性和真实性保护。而环境法律虽将“人文遗迹”和“有文化价值的自然遗迹”纳入环境保护法的保护对象，但未对文化资源保护做具体保护措施规定，也不涉及历史建筑、文物考古等方面的具体保护措施，没有平衡保护地内的文化遗产资源保护与自然资源保护之间的关系。可见，环境法律和文化遗产保护法律并不能很好地平衡自然资源和文化资源地保护，未真正体现生态环境与文化遗产协同保护与并重发展原则。

3. 试点地区文化遗产资源多样性保护的立法缺陷

虽然已经颁布条例的试点地区国家公园在条例中将文化资源保护纳入公园的保护对象，但是从条例的整体结构来看，《武夷山国家公园条例（试行）》有 9 条涉及文化遗产资源保护的条文，《神农架国家公园保护条例》有 6 条涵盖文化遗产资源保护的条文，《三江源国家公园条例》有 7 条涵盖文化资源保护的条文，《海南热带雨林国家公园条例（试行）》仅 4 条涉及文化遗产资源保护的条文，《云南省国家公园管理条例》仅 2 条涉及文化遗产资源保护的条文，可见并未将文化遗产资源保护置于与自然资源保护同等的地位。从具体内容来看，条例中的管理措施规定更偏向于对自然资源的保护，而没有切实体现条例规定的“促进自然资源和文化遗产资源整体、和谐发展”的目的。

三、保护地文化遗产资源保护法治实践的难题分析

自然保护地文化遗产资源保护工作，需要保护地内具有文化遗产资源保护权责的行政管理部门在文化遗产资源保护的过程中，依法、科学、合理地规划保护区内的文化遗产资源，妥善处理文化遗产保护过程中与自然资源保护冲突的问题，促进公众积极、主动参与文化遗产资源保护。

1. 保护地内文化遗产资源保护的法治实践

目前国家公园内文化遗产资源的保护，主要由行政机关统一制定方案或者规划后交由部门实施。随着文化强国建设的逐步开展，司法机关也逐步参与到自然保护地的文化遗产资源保护工作中。

（1）推动建立国家文化公园。相较于国家公园更注重自然资源的保护与发展，国家文化公园更注重保护地内的文物和文化遗产的保护、传承和利用。在推进建设“以国家公园为基础的自然保护地体系”的过程中，基于《关于实施中华优秀传统文化传承发展的意见》，国家正在推进长城、大运河、长征国家文化公园建设，国家公园建设进入生态文化旅游融合发展的新阶段。作为呈现中华文明的国家文化公园，以“文化引领、整体

保护、统一管理、分类指导、综合规划”为建设原则，以解决我国社会主要矛盾为目标，以在全球推广“中华文化公园”为愿景。《大运河国家文化公园建设保护规划》要求整合大运河沿线8个省份的文物和文化资源，按照“河为线、城为珠、珠串线、线带面”的思路优化总体功能布局，阐释大运河文化价值，大力弘扬大运河时代精神，加大管控保护力度和加强主题展示功能。大运河国家文化公园（杭州段）建设正在推进5个标志性项目，例如，浙江的大运河杭钢工业旧址综保项目利用保留下来的高炉、烟囱等工业遗存，打造亲绿、亲水、亲人文的文化新地标。此外，国家要积极探索国家文化公园法律法规、保护规划、管理机制等，为国家文化公园等自然保护地范围内的文化遗产保护提供顶层设计。

（2）探索公园内文化遗产系统保护工程。文化遗产系统保护工程包括行政机关制定文化遗产保护实施方案和编制文化遗产目录，责任机关落实工作方案，宣传机关鼓励社会公众积极主动参与文化遗产保护工作等。该工程还要求公园管理局根据该国家公园管理条例的规定，承担制定公园文化遗产保护工作的研究或者编制的工作，因地制宜制定保护与管理方案。在具体实践中，不同的国家公园有不同的实施方案。三江源国家公园的《青海省文化旅游资源普查技术方案》还包括“建立公园内的资源普查联络机制”，要求有关部门“深入挖掘沿黄地区文化内涵”，在挖掘内涵中打造文化旅游品牌，推进文旅融合发展。钱江源、普达措、神农架等国家公园利用网页、影视方式宣传公园内的文化遗产资源，通过举办文化宣传活动，鼓励公众参与保护。

（3）推动文化遗产保护作为监察公益诉讼新领域重点。司法机关参与保护地文化遗产资源保护工作是近年来的热点，文物和文化遗产的保护成为监察机关公益诉讼的新领域，打破了文化遗产保护领域中公益诉讼的空缺问题。我国首例将文化遗产保护诉讼作为环境保护公益诉讼的案件是2015年的“郑州马固案”。随着“黄河流域生态保护”要求的提出，监察机关发挥公益诉讼的作用，将激活黄河文化的活力，作为新的工作方向。2020年《文物保护法（修订草案）》也将文物公益诉讼作为新增内容。“盗掘古墓葬案件”中，监察机关选择从文化保护领域切入公益诉讼而非从环境保护领域切入公益诉讼，也表明“重自然保护，轻文化保护”的旧思想正在逐渐被打破。2021年，最高人民法院发布的《关于新时代加强和创新环境资源审判工作为建设人与自然和谐共生的现代化提供司法服务和保障的意见》提出，司法需要保障长城、大运河、长征、黄河国家文化公园建设，统筹自然遗迹与人文遗迹、民俗文化一体化保护。司法机关对文化遗产保护积极性的提升，警醒了行政机关和立法机关，要求行政、立法机关配合司法机关作出相应的改变，同时也增强了社会公众的文化遗产资源保护意识。

2. 保护地文化遗产资源保护法治实践的难点

虽然目前保护地内文化遗产资源保护实践已有一些成功经验，但是，行政、司法机关在推动文化遗产保护实践的过程中，仍存在不少工作难点，阻碍了行政、司法机关推进和公众参与保护地内文化遗产资源保护工作。

（1）推进公众参与文化遗产保护的难点。文化遗产资源的产生与发展，主要由人与自然相处过程中的转换引发，因此，文化遗产资源的保护依托于人的作用。虽然目前的法律法规中确立了公众参与原则，但现实中，推进公众参与文物保护活动存在以下难点。一是目前我国文化遗产保护工作主要采用“自上而下”的保护方式，政府在文化遗产保护中处于主导地位。依托“政府主体规划、吸纳民众力量”的模式，无法真正发挥“群众”在文化遗产资源保护中的作用。二是文化遗产资源保护的社会组织团体匮乏，不利于文化遗产资源保护的资金筹集，也不利于提升公众的参与意识。

（2）推进环境监察公益诉讼的难点。自然保护地体系建设中文化资源、生态资源的保护与管理存在跨区域、跨部门监管协作与协同执法等难题，现有机制无法有效支撑地方政府开展跨区域环境监管和深层次的环境协同高效治理，亟待区域文化遗产资源多样性数字监管能力均衡发展推进。随着大数据分析等算法科技在生态文明领域应用的深入，算法固有的缺陷和特性也逐渐与环境风险和逻辑发生耦合，容易形成算法歧视、算法绑架和算法趋同等新型环境治理风险。因此，未来加强“数智赋能”和“数字减负”的协同推进，是数字化改革赋予环境监管体制改革的特殊使命。此外，当前我国诉讼法中并未有关于文化遗产损害认定的科学评估方法或者可参照标准的规定，缺乏责任主体如何修复的规定，导致监察机关调查取证、确定诉讼请求、监督执行的难度增大。

（3）保护地行政机关存在的管理与规划问题。首先，加强生态环境监测数字化工作，是进一步完善生态环境监测技术体系的发展方向，但是由于我国环境监测的立法空白和环境监测囿于污染防治领域，以及功能划区中的“严格保护区”采用实行封禁保护、禁止人为活动的规定，以生物多样性为衡量标准的分级分类管理体制在保障自然资源的同时，导致管理保护部门不易高效推动自然保护地内文化多样性监测、管理、修复等活动。其次，从行政管理体制来看，目前保护地内的行政管理部门中，文物局、文化旅游部等多个机构均涉及文化遗产保护的职能，这种多头交叉的管理体制事实上容易造成部门之间对保护工作的推诿或是职能冲突问题。最后，由于管理部门对旅游活动的错误认知，本应以教育、宣传为首要目标的旅游活动在实践中转化为发展区域经济的手段，超出保护地承载量的游客数量及屡禁不止的文物保护区内的破坏性经营活动，均提高了文化遗产资源保护活动的困难程度。

四、保护地文化遗产资源法治保障的对策建议

针对我国在保护地文化遗产资源保护中存在的立法、行政、司法实践困境，结合我国国家公园试点地区已有的成功经验及国际上可借鉴的保护地文化遗产资源保护的成功经验，本文从立法原则、国家和地方立法、制度完善等方面提出如下对策建议。

1. 确立自然保护与文化保护协同并重发展原则

生态文明建设要树立尊重自然、顺应自然、保护自然的理念，并融入经济建设、政

治建设、文化建设和社会建设的各方面和全过程。导入“生态整体主义”与“生态人文主义”对发展保护地生态环境、文化氛围、文化遗址，乃至周边的整体环境空间均有较大帮助。作为践行“自然和文化遗产整体保护”比较成功的美国，在 1872 年就开始注重对“自然、文化遗产等的整体保护”。目前，美国保护地的法律体系和管理体制普遍体现了“自然、文化遗产整体保护”的理念。现实中很多遗产资源是文化因素与自然因素的综合体，比如自然与文化双遗产，对其保护也往往合为一体。因而建议改变我国固有的“重自然保护，轻文化保护”的环保思想，整合自然与文化遗产保护的基本价值理念，在自然保护地体系建设过程中，树立“自然保护与文化保护协同并重发展”的原则。

在遵循整体系统观的逻辑指引下，凝练出适用于文化、生物多样性保护的法律理念，并将“自然资源保护与文化遗产资源保护协同发展，平等对待保护地自然资源保护与文化遗产资源保护”作为一项法律原则在环境法律中确立，是减缓生物多样性丧失和保护传统文化的有效途径，能够改变自然保护区法治实践中长期存在的忽视文化遗产资源保护的现状，弥补因法律规则不健全而产生的司法适用法律漏洞的问题。因此建议在未来的《自然保护地法》中增加：第 X 条【自然和文化资源协同并重发展原则】自然保护地建设应遵循整体保护原则，体现对自然资源与文化遗产资源的并重保护，坚持自然保护地内生态环境、文化资源、社会经济共同发展。

建议在未来的《国家公园法》中增加：第 X 条【自然和文化资源协同并重发展】国家公园管理、规划、保护、社会参与过程应当体现自然和文化资源协同保护原则，注重公园内自然资源和文化资源的并重管理、规划与保护。

国家公园的总体规划和功能分区应当同时考虑公园内的自然和文化资源，分区调整需要体现自然资源和文化资源的并重保护。

基于“自然保护与文化保护协同发展原则”，行政机关需要彻底改变以往“重自然保护，轻文化保护”的行政管理模式；需要基于“协同并重发展原则”来规划、监测、管理与保护国家公园内的文化遗产资源。条例撰写或是行政管理体制的确立中，需要落实管理机构文化保护的责任，探索建立“领导机关整体规划，多部门联动执法机制”，打破多个管理机关对文化遗产保护权责交叉的现状，确立由政府或保护地管理局制定保护方案，在方案中落实下属机构的权责。

2. 保护地文化遗产资源保护的立法路径

我国目前针对文化遗产资源保护的法律规定渐趋完善，美国关于文化遗产保护的法律体系可资借鉴。美国关于文化遗产保护的法律体系主要由三部分构成。第一部分是关于文化遗产资源保护的专门法，主要是以《联邦文物保护法》为首涉及文物保护的法律规定。第二部分是关于国家公园、文化景区的保护法，类似于我国的《国家公园法》，内容涉及国家公园、景区等保护地内的文化保护，包括文化保护工作中的管理方案、资金来源等多项问题。第三部分是关于非物质文化遗产的《民俗保护法案》，为补充旧法中对非物质文化遗产保护规定的漏洞。文化、生物多样性保护的法律体系不是孤立存在的，而是与其他环境资源类法律共同组成我国的法律体系。检验法律体系构建成功与否的标志之一，就是法律体系的融贯性能否支撑各项法律的有效适用。针对我国文化、生物遗产多样性协同保护的立法体系，文化多样性保护的专门立法、生物多样性保护的专门立法和即将出台的自然保护地类法律可能出现竞合，建议在我国保护地的立法内容、法律衔接及地方条例的完善上对保护地文化遗产资源保护的立法进行完善。

（1）自然保护地法律体系中文化遗产资源保护专章规定。基于“文化保护与自然保护协同发展”原则，在《国家公园法》等自然保护地法律的逻辑展开中，要同时囊括对自然资源与文化遗产资源的保护。在自然保护地法律体系中，设置文化遗产资源保护的专章规定，协调保护地内自然资源与文化资源的关系，解决单一的自然资源保护立法在保护地实践过程中与文化遗产保护法律冲突的问题。并在《国家公园法（建议稿）》的内容中，将规划、设立、保护、社会服务等章分为自然资源保护节、文化遗产资源保护节、自然资源和文化遗产资源整体保护节。同时，文化遗产资源保护的部分，要设置针对文化遗产资源保护的特殊制度，以更好地促进文化遗产资源地保护。事实上，紧扣自然保护地立法，是《国家公园法》出台的契机，在其中加强文化遗产资源保护的规定，为推进《国家文化公园》立法，或是专门的文化遗产资源的立法，具有促进作用。

（2）加强文化资源保护法律与保护地及其他生物多样性保护法律的衔接。我国目前针对文化遗产资源保护的法律中，并未有与保护地法律相衔接的法律规定。但目前《文物保护法》正在修订中，为促进文化遗产资源保护与自然保护地保护的整体发展，减少自然保护地文化资源破坏适用法律冲突的问题，建议在《文物保护法（修订草案）》中增加：第X条【自然保护地文化遗产保护法律适用问题】自然保护地内的整体资源破坏问题，应当综合考量文化遗产资源与自然资源的破坏情况，根据资源保护的紧迫性，优先选择适用的法律。涉及文化遗产资源保护和自然资源保护协调发展的，可以综合本法与自然保护地法的相关规定。

此外，随着生物多样性综合保护讨论的深入，制定综合性的《生物多样性保护法》也正在推进，根据法律位阶和法律效力，这些法律出台后，在法律适用过程中应当是“一般法与特别法”的关系，因此，在法律立改废释的过程中，需要运用整体观视角，对法律保护的价值位阶顺序进行针对性立法。

（3）完善试点地区国家公园保护条例中对文化资源保护的规定。目前已颁布的5个国家公园条例，在涉及公园内“保护与管理”的条例设计中，对公园内的文化遗产资源保护，只是规定了文化遗产资源为保护的对象之一，却未明晰需保护的具体文化资源的内涵、外延、种类，也未明确文化资源保护的政府职责与公民义务。因此，这些已经颁布条例的试点国家公园或者计划颁布条例的试点国家公园，可以在其条例中关于国家公园的“保护与管理”章节中，结合我国的《文物保护法》《非物质遗产法》、国际公约，以及实践中对文化遗产资源保护的措施，完善国家公园试点地区条例中对文化遗产资源保护的具体措施等的规定。此外，国家公园试点地区也可以将“自然保护与文化保护协同发展原则”“激活公众参与国家公园文化遗产保护原则”等纳入当地的国家公园管理条例中。

3. 建立健全文化遗产资源保护制度

针对保护地内文化遗产资源保护实践及其存在的困境，可以从发挥社会组织在文化遗产资源保护作用及推动文化遗产资源领域公益诉讼的发展等角度，考量文化遗产资源保护制度的健全。

（1）激活公众参与文化遗产保护的积极性。群众是保护地文化遗产资源保护必不可少的一部分，原住民文化的传承需要通过“文化法治”进行保障，而“文化法治”则需要通过制度的构建来对文化进行保障。具体而言，政府可以通过“社区共管”“社团参与”“原住居民特许经营”的模式激活公众参与保护地文化资源管理与保护的热情，使社会组织成为参与保护地文化遗产传承与保护的主体，实现生态保护、文化保护、经济发展三者互惠互利。此外，行政机关可以向公众征求管理意见，对保护地内文化遗产资源保护的重大规划向社会召开“听证”活动，鼓励公众积极行使其权利等。社会力量是文化遗产资源保护中的重要一环，激发民众参与文化遗产资源保护工作意愿对于发挥政府文化资源保护行动具有重要意义。如，作为实践“公众参与原则”实现保护地文化遗产资源保护最成功的新西兰，通过鼓励公众成立各种社会组织，探索社会组织与政府合作保护文化遗产资源的模式，在调动公众参与文化遗产资源保护积极性的同时，利用社会组织的力量解决文化遗产资源保护中的资金问题。

（2）推动拓展保护地内文化遗产公益诉讼。首先，检察机关应当充分发挥行政公益诉讼中检察机关的检察建议职能，通过磋商、主持会议、召开听证等方式，督促相关行政机关履行政府职能。其次，检察机关与行政机关探索联动执法模式，加强公益诉讼与行政执法的诉讼协助，破解地域问题、行政机关权责交叉问题等带来的难题。检察机关可以要求行政机关对保护地内的文化遗产资源破坏采取“线索移送”机制，要求行政机关配合调查取证，主动与司法机关信息共享，开创司法机关与行政机关在文化遗产公益诉讼领域的“行政机关专业办理”“检察机关督促办理”“司法行政机关联合办理”模式，破解文化遗产资源公益诉讼领域调查取证、地域管辖等方面的困境。最后，民事公益诉讼需要推动关于文化遗产保护领域的进步，改变以往只能由环保组织通过环境公益诉讼来保护文化遗产的模式，可以采取简化检察机关提起民事公益诉讼的手续或建立文化保护组织作为公益诉讼主体等方式。

组织人才振兴研究

关于更好推进村庄建设向村庄经营转变的若干建议*

沈月琴　吴伟光　陈嫩华**

杭州市临安区村庄经营模式已成为浙江省广大山区农村实现村强民富和农村、农民共同富裕目标的一条重要创新路径，示范引领效应逐渐显现。值得注意的是，村庄建设与村庄经营既一脉相承又存在明显差异，处理好两者关系对于村庄经营模式的可持续发展至关重要。对此，笔者在厘清村庄建设和村庄经营关系的基础上，剖析了从村庄建设向村庄经营转变过程中面临的三方面问题，并就更好推进村庄建设向村庄经营转变提出了若干建议。

一、从村庄建设向村庄经营转变过程中面临的新问题

2017 年年初，杭州市临安区率先启动“村落景区”建设，打造美丽乡村升级版，制定实施全省首个村落景区地方运营标准，开启了从乡村建设向村庄经营转变的序幕。2020 年 11 月，省委、省政府在《村级集体经济巩固提升三年行动计划》中要求推广临安区村庄经营做法。目前，临安区村庄经营创新模式已成为广大山区农村实现村强民富和农村、农民共同富裕目标的一条重要创新路径。但需要指出的是，村庄建设与村庄经营既是乡村振兴战略实施进程中一脉相承，又截然不同的两个阶段、两种形态，其目标任务、工作重点、面临的困难与挑战、推进机制等存在明显差异。乡村建设的主要任务是通过加大政府投入，有效提升农村地区基础设施、村容村貌、人居环境水平，重点解决的是“硬件”问题，以塑造美丽乡村的“形”。村庄经营的主要任务是在村庄建设基础上，通过资源要素整合、发展模式创新、体制机制改革等举措，重点解决的是“软件”问题，以塑造美丽经济的“魂”。在当前乡村经营实践中，仍存在三方面的问题或者倾向：

* 本文获得浙江省领导批示。

** 作者简介：沈月琴，浙江农林大学副校长，浙江农林大学浙江省乡村振兴研究院院长、教授；吴伟光，浙江农林大学经济管理学院院长、浙江农林大学浙江省乡村振兴研究院首席专家、教授；陈嫩华，浙江农林大学浙江省乡村振兴研究院特约研究员、中共杭州市临安区委办公室一级调研员。

1. 重硬件设施，轻改革突破

浙江省先后实施了“千万工程”“美丽乡村”等多轮旨在改善农村面貌的基础设施建设工程，广大乡村的硬件基础设施与村容村貌已明显改善，美丽乡村形态已基本形成，为村庄经营奠定了良好硬件基础。从村庄建设向村庄经营转变，重点需要在村庄的经营模式、经营主体、经营机制、激励与约束机制等方面进行改革、取得突破。但是，对于有些地方干部群众而言，依然习惯或热衷于搞工程项目建设，做村容村貌整治文章。对于从村庄建设向村庄经营转变过程中面临的制度性、机制性、政策性问题，要么因缺乏改革创新思路、陷入“有想法无办法”的窘境；要么因害怕犯错担责、陷入“有思路缺制度”的尴尬，导致村庄经营无法真正落地见效。

2. 重旅游开发，轻农业农村特色生态产业培育

把村庄经营简单等同为乡村旅游，是目前村庄经营推进中普遍存在的倾向之一。乡村旅游仅仅是村庄经营的内容之一，村庄经营的内涵要远比乡村旅游丰富；更为重要的是，并非所有乡村都适合旅游开发，需要具备相应的区位条件、旅游资源、产业基础、运营团队等支撑才能获得成功。但在具体实践中，不少地方往往不顾当地区位条件、资源特色、产业基础，在缺乏充分科学论证与市场调研的情况下，就将旅游作为村庄经营的主要方向，最终导致“轰轰烈烈”开场、“冷冷清清”收场的尴尬局面。因此，实施村庄经营应当立足于当地特色资源，注重乡村特色农业产业培育，使农业农村真正回归姓“农”，以特色生态产品与服务吸引、满足城市消费群体需求，支撑村庄经营实体化、多元化、差异化发展。

3. 重政府力量，轻市场机制

因历史欠债等原因，多年来乡村建设主要由政府主导实施，主要依靠财政投入，主要解决基础设施等“硬件”问题。客观地看，这种“政府包办式”乡村建设，有利于加快建设进度、提升建设效率、凝聚农村人气。但是，在从乡村建设向乡村经营转变过程中，如果仍然采用固有的“政府包办”模式，不能吸引当地百姓和主体参与，不能形成符合市场内在规律的经营机制，村庄经营将无法持续，即便政府能够打造个别典型案例，也难以复制、推广。因此，在推进村庄经营过程中，一定要建立起政府主导、村级主体、市场运作、农民参与的良性互动机制，充分发挥市场机制在村庄经营中的作用。

二、推进村庄建设向村庄经营转变的对策建议

为针对性地解决上述倾向问题，更好推进村庄建设向村庄经营转变，特提出如下建议：

1. 加强村庄经营的顶层谋划和专业指导服务

村庄经营是一项新生事物，需要政府的顶层谋划和专业指导服务。一是要尽快明确村庄经营的管理职责归属部门，尽快制订《浙江省村庄经营规范化指导意见》和相关建设运营标准，为村庄经营有序发展提供规范的指导意见，并配套形成激励与惩罚机制。二是政府部门要会同高校或智库专家、村庄经营主体，定期召开村庄经营专题研究与研讨，及时发现村庄经营过程中出现的新情况、新问题。

2. 妥善做好村庄建设和村庄经营之间的有机衔接

可借鉴杭州市临安区在创建村落景区时的做法，先制定建设和运营标准，再明确农业部门搞建设、文旅部门搞运营，加强顶层设计，把村庄建设和经营统筹好、衔接好。在编制乡村发展规划时，应该让运营专家和建设专家共同参与，基于村庄经营的理念与视角，引领乡村基础配套设施和公共服务优化，建立以村庄经营为导向的投融资机制，提高乡村建设的前瞻性和精准性，确保村庄建设与后期市场化村庄经营相适应。

3. 强化乡村经营和服务主体的培育选拔机制

缺乏懂经营会管理的经营与服务主体，是当前村庄经营普遍面临的短板。一是要依托高校与乡村振兴智库开展村庄经营人才培训，加快培养一批本地化的村庄经营设计、经营、管理人才队伍。二是要加大“两进两回”政策实施力度，吸引包括新乡贤、农创客和党政机关事业单位退休或退居二线有“三农”情怀的干部职工深入乡村创业、指导村庄经营。三是创新乡村经营主体招选机制，以驻村试运营、模拟运营等方式，提高乡村经营团队招选的科学性和精准性，建立起乡村经营“优胜劣汰”机制。

4. 建立“混合所有”为基础的利益共享机制，激发参与各方内生动力

村庄经营需要破除建设和运营“政府包保”的做法，形成村民、村集体、投资商、运营商以及政府的“利益共同体”，才能激发参与各方的内生动力。借鉴杭州市临安区在组建村落景区运营公司时的做法，建立农民、村集体、投资商、运营商“混合所有制”公司，让集体获得相应的资源资产所有权收益，让村民获得相应的生产、服务收益，让投资商获得资产收益，让经营商获得运营收益，让政府获得经济和社会收益，让社会获得生态和公共收益。

5. 系统推进农村综合集成改革，为村庄经营提供制度保障

推进村庄经营需要从产权、要素、人才等方面进行全方位系统性的改革与创新。一是要扎实做好农村承包地、宅基地、水域等各类要素的确权与股份量化工作，明晰农村资产资源产权关系。二是要建立开放、高效、有序的农村产权交易体系，促进农村资源要素流转与整合。三是要针对村庄经营推进过程中所面临政策机制障碍，加强部门协作，

大胆先行先试，共同解决村庄经营过程中出现的新情况、新问题。

6. 充分发挥村级党组织的引领示范作用

村庄经营好的典型都证明，一名优秀的村书记、一个坚强的村党组织是经营村庄、治理村庄的关键。要坚持党建引领乡村振兴、推进乡村经营不动摇，充分发挥村级党组织的核心和引领作用，凝聚人心、激发干劲、善治善为。要从激发村级组织和村干部的创业创新积极性出发，出台鼓励措施，让村干部对村庄经营有奔头、有盼头、有甜头。

进一步深化临安“强村公司”改革的建议

王成军　刘传磊*

党的二十大报告强调，建设宜居宜业和美乡村。临安“强村公司”参与乡村建设的实践，开辟了村集体参与乡村建设的有效途径，有利于推进宜居宜业和美乡村建设。在“千村示范、万村整治”工程实施二十周年即将来临之际，总结推进“强村公司”发展经验，有利于进一步提升更具复制推广价值的临安经验。

一、临安“强村公司”发展基础良好

2019年，临安区率先开展村股份经济合作社公司化经营改革试点，创立集体经济发展有限公司（即“强村公司”），促进了村集体经济较快发展。截至目前，改革试点成立的“强村公司”已达146家，总数占全省1 791家的近10%，占杭州市372家的近40%。临安强村公司已承揽项目392个，总价约为2.02亿元，预计获利2 564万元。截至2021年，254个行政村均实现总收入50万元、经营性收入30万元，占行政村总数的比例达94%。

临安“强村公司”发展取得了良好成效。2019年以来，临安通过建立实体化运营主体、拓展多元化经营范围、创新公司化运行机制、构建系统化管理机制，制定了“强村公司”从创建到监管各个环节的制度。2020年，中共浙江省委办公厅、浙江省人民政府办公厅印发的《村级集体经济巩固提升三年行动计划》（浙委办发〔2020〕51号）明确强调要推广临安经验。2021年，该项创新获得了时任中央农办副主任、农业农村部党组副书记、副部长刘焕鑫的批示肯定。

二、部门协同推进不足制约了“强村”功能的发挥

“强村公司”涉及部门存在意见分歧，协同推进不足。区农业农村局作为“强村公司”推进部门，长期推进各项具体工作，但其他局（办）配合支持力度较小。“强村公司”承揽工程，涉及区公共资源招管办关于小额工程招投标的规定、区纪委“小微权利”

---

* 作者简介：王成军，浙江农林大学浙江省乡村振兴研究院首席专家，教授；刘传磊，浙江农林大学浙江省乡村振兴研究院生态文明与美丽乡村建设研究中心副主任。

管理规范等，各部门对“强村公司”承揽业务的金额范围仍存在意见分歧。区文化和广电旅游体育局主推的“乡村运营”和区农业农村局“强村公司”业务具有一定的互补性，“强村公司”推进的乡村建设是“乡村运营”的基础，而“乡村运营”是实现乡村建设社会效益和经济效益的重要途径。但是，区文旅局和区农业农村局并没有形成合力。需要区主要领导牵头，依托区强村富民集成改革专班，建立协同推进的工作机制。

“强村公司”与其他市场主体缺乏有效利益联结机制，强村富民功能发挥不够。“强村公司”作为集体经济组织，具有村域资源统筹、整合的比较优势，能够以政府财政资金为依托，加强村庄公共基础设施建设，盘活村域闲置资源。但是，临安“强村公司”主要属于工程承揽型，对接市场能力不足。“强村公司”集体经济组织的特征，决定了其不宜开展竞争性强的“完全竞争市场”业务。但“强村公司”可以与“乡村运营商”“新农人”等加强合作，以资源、资产入股、租赁等方式建立合理的利益联结机制，更好地发挥强村富民的功能。

三、建立部门协同推进机制，深化“强村公司”改革的建议

中共中央、国务院《关于做好2022年全面推进乡村振兴重点工作的意见》明确指出：“推动村庄小型建设项目简易审批，规范项目管理，提高资金绩效。总结推广村民自治组织、农村集体经济组织、农民群众参与乡村建设项目的有效做法。”临安区可以把迎接“千万工程”实施二十周年作为契机，进一步推进“强村公司”发展，总结提升村集体、农民群众参与乡村建设项目的有效做法。

一是拓展经营范围。由区农业农村局牵头，区纪委、区公共资源招管办、区财政局、区审计局等参与，拓展强村公司经营范围。逐步扩大强村公司参与乡村振兴一般基础设施建设的范围，提高村集体为业主的乡村建设工程项目限额；鼓励强村公司承接行政事业单位、各镇（街道）和国企的服务类和中介类相关项目，鼓励强村公司开展河道保洁、绿化养护、物业管理等项目，鼓励将强村公司销售产品纳入政府采购目录，给强村公司更多的工程项目承揽空间。

二是创新发展模式。由区农业农村局牵头，区财政局、区市场监督管理局、区文旅局、国资公司等参与，制定强村公司创新发展方案。允许强村公司与国资公司、非公企业参股组建混合所有制企业。鼓励强村公司吸纳农民专业合作社、家庭农场、农创客、青创客参股经营。特别是要探索强村公司利用国有闲置资源、资产的有效实施机制，将临安区大量散落在乡村的国有闲置资源盘活利用。以临安区“共富广场”带动百村致富项目为试点，持续加大国有平台公司带动强村公司发展的力度。

三是强化人才激励。由区委组织部牵头，区农业农村局、区人力社保局参与，制定切实可行的村干部激励机制。按照激励与约束相结合、效益与公平相结合、权利与责任相结合原则，建立健全强村公司经营业绩考核与薪酬管理制度，调动农村基层党组织书记和其他村“两委”干部的积极性。发挥乡村能人的作用，吸收本地能工巧匠、施工队

等相关人才进入强村公司。

四是优化利益联结。以区农业农村局和区文旅局为主，推进“强村公司”与“乡村运营商”的利益联结。鼓励“强村公司”结合村庄经营发展需要，将农民的闲置宅基地和闲置农房进行资源整合，入股“强村公司”。允许政府各部门用于农村的项目投资、给予村集体经济的补助资金作为资本金入股“强村公司”。通过村庄固有的资源性资产、各类投资形成的固定资产入股到强村公司，强化“强村公司”与“乡村运营商”谈判的资本。同时，村集体要尽可能做好基础设施建设，提高乡村治理水平，为外部市场主体进入乡村提供良好的条件。“乡村运营商”要履行好“以商招商”的职责，重在村庄的前期策划、招商引资，打造乡村经营品牌，做大乡村产业“蛋糕”，不宜开展村民、投资商个体可以自主开展的农家乐、民宿经营等业务，更不能形成与其他主体争利的“零和博弈”局面，而是要让村民更多分享产业链增值收益。

五是加强闭环管理。由区农业农村局牵头，区纪委、区审管办、区税务局、区市场监督管理局等参与，制定完善的强村公司组建标准、退出制度等管理机制。尤其是加强财务审计，按镇属地管理和“一年一审计”原则，由各镇（街道）每年委托审计机构对强村公司开展财务审计，全面梳理强村公司运行管理中存在的问题，及时查漏补缺，确保财务管理规范高效。

村庄经营：农民农村共同富裕的先行探索与政策优化

靳启伟　孙丹丹　刘传磊*

村庄经营是习近平同志提出的重要理念。2005 年，时任浙江省委书记的习近平同志在“千村示范、万村整治”工程现场会上明确指出：“因地制宜地把村庄整治建设与特色产业的开发结合起来，认真总结推广安吉、临安等地大力开展以优势产业为依托的特色村建设的经验”。习近平同志还多次撰文强调要“以发展强村”“以建设美村”“抓反哺富村”“促改革活村”“强班子带村”等，这些文章都体现了村庄经营的理念。开展村庄经营，对于推进新型农村集体经济发展，促进农村共同富裕具有重大意义。

杭州市临安区是全域范围内推进村庄经营改革试点的先行地区。2020 年 11 月，浙江省委办公厅、省政府办公厅出台的《村级集体经济巩固提升三年行动计划》指出：“推广杭州市临安区村庄经营的做法，鼓励片区组团、联盟、联合等发展模式，积极探索党组织领导、公司化经营、经理人运作、老百姓受惠的经营机制。”2021 年 2 月，杭州市印发《村级集体经济巩固提升三年行动实施方案》再次指出：“推行村庄经营，整合乡村资源优势，培育一批乡村经营公司，采取村集体自主经营、股份合作、租赁经营等方式，实施三产项目开发、承接物业管理与农村小微工程等，积极探索党组织领导、公司化经营、经理人运作的村级集体经济发展新模式，助推村级集体经济增收。”临安区村庄经营的改革举措，也引起了安徽省黄山市、甘肃省张掖市等浙江省外地区的关注，推广运用了该经验做法。

本研究采用案例研究方法。自 2019 年起，课题组对杭州市临安区 14 个镇（街道）所属的 50 余个村（社）进行了实地调研，参与了相关文件起草、工作推进与试点总结。通过 3 年的跟踪调研，积累了系统全面的研究资料。资料主要包括三类：一是典型村庄的访谈资料，二是历年集体经济年度报表等数据资料，三是村庄经营改革试点政策等文件资料。

一、村庄经营的概念界定

村庄经营是一个基于实践提出的概念，经常与“经营村庄”“乡村经营”“乡村运营”

---

* 作者简介：靳启伟，光明日报社办公室干部；孙丹丹，浙江农林大学经济管理学院在读研究生；刘传磊，浙江农林大学浙江省乡村振兴研究院生态文明与美丽乡村建设研究中心副主任。

等混同使用。有的学者认为，经营村庄是村庄治理理念的转换和创新，是把现代科层制结构组织起来的企业管理办法和经验，应用于按以派系为核心的差序格局组织起来的村庄社会，使村庄成为一个经济实体，通过经营促进集体资源开发与集体资产增值。经营村庄是在多元激励下乡镇政府借助项目进村的形势要求，集中体制内资源打造某个村庄。在脱贫攻坚过程中，乡村产业运营是在基层党组织的领导下，充分发挥龙头企业或合作社的优势，发展本地区比较优势产业，帮助农民特别是贫困人口实现脱贫增收。也有学者指出，经营村庄主要指以村集体为经营主体，村庄精英、社会组织等共同参与，对单个村或多村合作进行村庄经营性治理，旨在壮大农村集体经济的新型农业经营体系。在乡村振兴背景下，地方政府基于政绩考核，通过资源持续输入打造亮点，替代村级组织主导村级发展，利用招商引资对乡村景观进行资本公司化运作，从而实现对村庄的整体性经营。而乡村经营是以村干部为代表的村集体对乡村农业产业、乡村新产业和新业态、农村三产融合发展等全方位的经营。将政府投资建设的固定资产转换为现金流收益，是乡村运营时代所要完成的重要任务。回顾文献可以发现，由于村庄经营是乡村建设过程中新兴的探索实践，各界关于村庄经营的概念理解不同，不仅不利于学术界的深入探讨，也影响了各地实践的深入开展。深入探讨村庄经营，亟须清晰界定村庄经营的内涵。

掌握村庄经营的实践探索是界定村庄经营概念的基础。村庄经营是伴随乡村建设提出来的，乡村建设为村庄经营提供了“资源变资产”的机会，村庄经营可以将乡村建设过程中的大量投资有效利用，真正做到从建设“美丽乡村”到发展“美丽经济”。村庄经营的主体是村集体经济组织，只有村集体掌握发展主动权，农民才可能更多地分享到产业链增值收益，农村才可能实现共同富裕。因此，本文认为：村庄经营是基于村庄资源资产的产权边界，在乡村建设的基础上，以农村集体经济组织为主导，多元市场经营主体广泛参与，对村庄资源资产进行市场化经营，促进农民农村共同富裕的发展方式。

二、村庄经营的先行探索

掌握村庄经营的实践探索情况，是理解村庄经营的基础。各地关于村庄经营自发探索的典型案例较多，如陕西省礼泉县袁家村、四川省成都市郫都区战旗村、杭州市临安区西墅村等。本文首先以杭州市临安区西墅村为例，探讨村庄经营的自发探索实践经验。

1. 村庄经营的自发探索

西墅村位于杭州市临安区城郊接合部，面积 2.77 平方千米，下辖 6 个村民小组，森林覆盖率达 76.8%。西墅村虽然地理位置优越，但是村集体经济长期发展缓慢。2008 年，西墅村集体经济固定资产总额仅为 690 万元，房屋租赁年收入仅有 13 万元。为更好发挥地理位置优势，积极开展村庄经营，西墅村于 2008 年 12 月成立村级独资的杭州西墅房地产开发有限公司，先后开发了 7 个房地产项目，总面积达到了 32.5 万平方米，保留村级集体用房 5.31 万平方米。公司累计为村集体创收 10.8 亿元，上缴国家税收 1.14 亿元。2017 年，西墅村村级净资产已达到 14.47 亿元，房屋租赁年收入达到 1 506 万元。下表为 2008 年和 2017 年西墅村集体经济对比。

年份	2008 年	2017 年
村级、实业和房产账面余款	8.9 万元	1.574 亿元
村级固定资产	516 万元	8.98 亿元
村级留用三产用地	124 亩	242.11 亩
房地产租赁年收入	13 万元	1 506 万元
村级净资产	690 万元	14.47 亿元

数据来源：《西墅通讯》。

村集体独资的杭州西墅房地产开发有限公司成立后，村集体开始了闲置宅基地和农房整治，先后在西墅村原有土地上开发了西墅花园、西墅锦园、西墅保锦苑、西墅绿洲、西墅文体中心、西墅会所和村办公用房等多个项目。村集体还通过收购、回购、司法诉讼等措施大量回笼土地，再对土地、房屋进行租赁。在村集体资产不断增加的基础上，西墅村成立西墅实业投资有限公司，从事理财业务，为集体获得利息净收入 7 000 余万元。此外，西墅村先后成立了西墅农业开发有限公司、西墅酒楼有限公司等，开展香榧种植、乡村旅游等业务。

西墅村是村庄经营自发性探索的典型，其内生动力是村集体以房地产开发、租赁等方式占有土地增值收益，而不是被外来房地产商占有。通过经营村庄的土地，真正盘活了农村土地资源，推动了集体经济和农户的共同富裕。2017 年年底，西墅村进行集体收入分红，西墅村股份经济合作社每位社员股东按照 10 万元/股的标准发放。2018 年，西墅村撤村建居后，仍保留了大量资产，为社员带来丰厚的分红收入。相对而言，周围没有开展村庄经营的撤村建居社区，股份经济合作社经营性收入较低，甚至有合作社面临解散的风险。

2. 村庄经营试点的谨慎开启

自 2019 年开始，临安区农业农村局以“村股份经济合作社公司化经营改革试点”的名义，组建第一批集体经济发展有限公司。政府部门做出县域村庄经营顶层设计，谨慎开启了改革试点。

首先，创建村庄经营主体。临安区村股份经济合作社公司化经营改革试点方案指出：“村股份经济合作社自身可以经营的领域，如土地流转发包、特色农产品经营、农业产业社会化服务等，鼓励其按照市场经济规则积极开展经营。村股份经济合作社无法或不适宜经营的领域，如工程项目承建管理、村落景区运营管理、物业项目开发、有限额第三方投融资等，扶持其组建独资、控股、参股的企业，实行公司化运营。区、镇两级帮助建立配套政策体系、整合资源，指导公司规范运行。”由于村股份经济合作社是特别法人，不能有效地适应市场运行规则，而村股份经济合作社作为股东成立的集体经济发展有限公司，作为按照《公司法》运行的市场经营主体，更为灵活高效。

其次，拓展村庄经营范围。临安区村庄经营的重要突破是乡村建设项目的承揽。2019 年 7 月，临安区推进农村集体产权制度改革全国试点工作领导小组办公室印发《关于规范村股份经济合作社在公司化经济试点工作中承揽工程建设项目的暂行办法》，提出："凡国有、集体投资或国有、集体投资占控股或主导地位，项目概算建安费（或合同估算价）在 200 万元以下的六大类 12 项工程建设施工项目，村集体性质的公司可以直接承揽。"

最后，建立村庄经营机制。临安区逐步建立了村庄经营运行管理机制，推动三产融合发展，实现村集体和农户共同增收。光明村等首批试点村庄，摸索出了一套村集体经济发展有限公司运行管理机制，取得了较好的经济效益和社会效益，村集体的经营性收入明显提高，村集体资产得以有效保值增值。

3. 村庄经营试点的稳妥探索

2020 年，临安区开展了第二批改革试点。2020 年 8 月 12 日，为进一步探索农村集体所有制的有效实现形式和适应市场经济的运行新机制，临安区推进农村集体产权制度改革全国试点工作领导小组办公室印发《临安区村股份经济合作社公司化经营改革试点扩面实施方案》，指出要完善首批改革试点村集体公司内部管理制度、进一步规范财务管理、吸引专业人才参与公司经营等，新增 7 个改革试点。通过改革试点扩面，发挥集体经济发展有限公司在优化资源配置中的引领带动作用，建立以市场经济为基础、企业法人为主体、有限责任为核心、公司企业为形式的农村集体所有制实现新模式，为实现产权清晰、权责明确、政企分开、管理科学的新型农村集体企业制度奠定了基础。

青山湖街道郎家村是临安区村庄经营第二批改革试点之一。郎家集体经济发展有限公司主营业务为三大类：一是农业生产。2021 年年初，公司承包经营了村集体流转的 250 亩土地，用于种植水稻、小麦等粮食作物，注册了"溪谷朗家"稻米品牌。"溪谷朗家"大米市场均价为 12 元/千克，为村集体增加经营性收入 30 万元。二是承揽乡村建设项目。2020 年 7 月，公司承接郎家村"美丽乡村"建设项目，利用本村劳动力和工匠，为集体增加经营性收入近 40 万元。2021 年，公司承接青山湖街道征迁区块的围挡工程项目，获得净利润 50 万元。三是提供物业服务。2021 年，通过承包经营青山湖街道区域范围内的公厕保洁业务，村集体增加经营性收入 10 万元。

郎家集体经济发展有限公司建立了规范的工程管理制度。一是承接工程建设业务流程规范。公司承接的各项工程由公司统筹安排，充分利用本村工匠和闲置劳动力实施项目施工，对于技术要求较高、专业性较强的部分工程，公司采用寻找合作伙伴的形式进行施工。二是采购流程严谨。公司有严格的采购制度和出入库制度。参照简易工程招投标办法，建立价格比选机制，公司在项目施工中所需的材料，经过三家以上单位询价比选后，组成三人小组负责采购。三是用工机制规范，确定施工人员，建立工匠名录库。

雇佣劳务工以本村村民优先，年龄控制在 70 周岁以下，在公司报名后择优录取，并购买意外保险。四是村集体“三资”管理规范。在区委巡察、区纪委督查、区财务审计中没有违纪违规情况，村“三资”分级管理评级为最好等级。

4. 村庄经营试点的扩面推进

2021 年，临安区进行了第三批改革试点。2021 年 4 月 13 日，为实现村级集体经济巩固提升目标，临安区推进农村集体产权制度改革全国试点工作领导小组办公室印发《关于深化村股份经济合作社公司化经营改革试点工作的通知》，新增 53 个改革试点。7—10 月先后增补了 6 个改革试点单位。

新的政策对村集体经济发展有限公司做出了更多限定。第一，制定了参与改革试点的最低标准，“三资”分级管理评定结果为红牌的村，不得单村组建集体公司参与改革试点。第二，进一步明确了不同经营主体承揽工程建设业务的额度限制，镇（街道）当业主可以承揽 200 万元以下的六大类 12 项的工程建设项目，村集体当业主只能承揽 30 万元以下的工程建设项目。第三，强化了对集体经济发展有限公司的监管。属地镇（街道）作为监督责任主体，每年对村集体公司实行财务审计；村集体公司财务报表每季度报镇（街道）“三资”服务中心负责人审核备案，每半年报区农业农村局备案。同时，增加了对村集体经济发展公司的金融保险支持，一是对集体经济公司提供免息金融贷款支持，二是为 60～70 岁务工人员提供特殊保险政策。

第三批改革取得了重要成果。青山湖集体经济发展有限公司于 2021 年 8 月由全街道 18 个村集体经济合作社平均入股联合组建成立。主要业务是农业生产、工程建设以及参与乡村运营。农业生产方面主要是从农户手中流转田地，进行统一经营。一是打造高端稻米品牌，除郎家村的“溪谷郎家”外，还有洪村的“径山禅米”，“径山禅米”大米销售价格达到 16 元/千克，以“村企联盟”的形式建成常态的销售渠道，增加了村集体经营性收入。二是以“企业认养基地”的形式将企业与基地绑定，企业出资、村集体负责种植收获。三是乡村运营基础建设。集体公司参与乡村运营，负责打造乡村运营的产业基地或者其他工程，集体公司负责乡村产业建设，而乡村运营师负责营销。

镇（街道）政府主导的“抱团发展”村庄经营模式，不同于单村经营。一方面，镇（街道）政府在社会资本面前的谈判能力更强。青山湖街道与当地国有资本青山湖科技城投资集团有限公司合作，长期为其提供劳务派遣服务，集体经济组织从中得到一笔管理费用，村民作为劳务派遣人员获得劳务收入，三方实现共赢。另一方面，“整镇抱团”资源整合程度更高，与下属村级集体经济组织的协调能力也更强。以青山湖街道青南村为例，该村以“矿文化”为主要文化元素，根据矿坑和窑洞打造“矿文化”产业，将窑洞改造为酒吧和咖啡吧等，打造网红打卡点。打造了 770 亩的高标准露营基地，基地附近的民宿可以为游客提供饮食、住宿，以获取收益。同时还建立了蔬菜基地，出售特色农产品，解决销售问题。青南村乡村建设与乡村运营的协调机制匹配度高，村集体公司负责建设，运营公司负责运营，都由村集体和镇（街道）统筹。

5. 村庄经营试点的全域推广

2022 年，临安区进行了第四批改革试点，开始在全域范围内推广。2022 年 3 月 23 日，临安区推进农村集体产权制度改革全国试点工作领导小组办公室印发《关于公布 2022 年深化村股份经济合作社公司化经营改革试点名单的通知》，扩大了改革试点范围。同时，进一步规范了相关管理制度，印发了《关于规范强村公司直接承揽工程建设项目的暂行办法》和《关于规范强村公司直接承接服务采购项目暂行办法（试行）》等。

第四批试点范围更广、力度更大。第一，进一步深化了村股份经济合作社公司化经营改革试点工作，共新增 71 个改革试点。第二，提高了镇街一级公司直接承揽工程建设项目的额度限制，额度限制从 200 万元提高到 400 万元，并采取分级管理制度，村集体当业主的工程建设项目额度限制保持不变。第三，拓宽了可直接发包给集体经济发展有限公司工程建设项目的范围，从无需相关资质的“六大类 12 个项目”拓展到“七大类 18 个项目”。公司治理体系较为完善，村庄经营成效显著。

不过，村干部也提出了试点中的一些问题。其中，最突出的是承揽工程建设项目的额度限制问题。村为业主的工程项目最高额度仅为 30 万元，这个限制导致很多工程项目集体经济发展有限公司不能承揽。此外，村干部也建议，可以依据集体经济发展有限公司的审计评级来解决这个问题，如，“评级为绿牌的就给提高至 200 万元的额度，评级为红牌的就终止公司经营的权限”。这些问题有待通过进一步改革来解决。

6. 其他地区的借鉴

临安区村庄经营取得了较好成效，产生了良好的经济效益和社会效益，也得到了一定推广。2021 年 9 月，杭州市富阳区农业农村局起草了《杭州市富阳区村股份经济合作社村庄经营改革工作方案（试行）》，在设立组建集体经济发展有限公司方面，基本引用了 2020 年临安区关于开展村庄经营“建立集体公司准入条件”。2021 年 11 月，黄山市在借鉴临安区村庄经营经验的基础上，制定了《关于开展乡村运营机制创新试点的实施意见》，立足黄山乡村生态资源优势，创新乡村运营机制，发展乡村特色产业，组织实施涉农工程项目，探索政府引导、村集体、企业和社会各界参与、市场化运作、可持续发展的村级集体经济实现路径，打造黄山乡村运营特色品牌。2022 年 3 月，德清县 4 个村庄分别与 4 个乡村策划运营团队签约，提出通过“乡村策划运营团队”吸引更多会策划、懂营销，具有投融资、农文旅运营经验的专业人才扎根农村，推动乡村振兴和农民增收致富。

三、村庄经营的政策优化

临安区村庄经营改革试点取得了初步成效，摸索出了一套村集体性质公司运行管理机制，为农村集体经济发展找到了一条有效的增收途径，取得了较好的经济效益和社会效益。但是，村庄经营也遇到了一些实践难题。

1. 村庄经营的实践问题

（1）发展政策不完善。一方面，工程建设限额低。村集体当业主的工程建设项目可直接发包给集体经济发展有限公司的限额为单项合同估算价从 200 万元下调至 30 万元以下（不含 30 万元）。限额下调导致村集体很多工程业务没办法承接，影响了村集体经济发展公司的业务收入。另一方面，优惠政策享受难。新修订的《民法总则》规定，农村集体经济组织为特别法人，从法律层面上确立了农村集体经济组织的主体地位，但与企业相比，不仅经营范围有限，而且面临着税务登记、资产抵押等一些实际困难，不是独立的完善法人。只有成立公司，才能拓展业务范围。但是，国家对集体经济发展有限公司并无税收优惠，税收成了村集体经济发展有限公司的一大负担。

（2）村干部经营能力有待提高。根据相关规定，村股份经济合作社董事长大多是由村基层党组织书记兼任，虽有利于保障群众共享发展成果，但基层党组织书记不一定具备村庄经营的能力和潜力。在试点推行过程中，一方面，农村基层干部的综合素质不同会导致其对村庄经营的重视程度不同，部分农村基层干部存在年纪较大、业务能力较差、发展集体经济不积极的问题；另一方面，村庄经营过程中不可避免地会优先考虑村集体班子战斗力强、班子成员团结、有强烈发展愿望的村，带来的就是村干部综合素质高的村得到了更多机会和更好的发展，收入差距进一步扩大。此外，村庄经营的推广不是无条件的，县域层面的政策引导、镇（街）层面的支持力度、村集体班子的综合素质、各地的资源禀赋差异等都是影响村庄经营推广的因素。

（3）农村土地资源经营领域尚未突破。农村土地制度改革，明确指出要实行土地“三权分置”，即土地所有权归集体、承包权归农户、经营权可流转，目的在于土地收益的分配，是为了把土地在经营过程中的利益体现出来。一方面，土地所有权的收益就是集体的收益，经营权的流转即成为农户的收益，也有利于发展适度规模经营。另一方面，土地“三权分置”带来的好处是农村集体经营性建设用地可以入市。湖州市德清县东横村仅集体经营性建设用地入市项目就为村集体增收 9 000 万元左右，并为整体产业发展起到了重要促进作用。反观作为村庄经营先行地的临安区，没有一宗集体经营性建设用地入市的案例。

2. 村庄经营的政策优化

村庄经营仍需要在实践中不断深化改革。完善村庄经营运行机制，构建农村新型集体经济，实现乡村振兴，需要通过顶层制度设计、集成改革突破。

（1）完善集体经济支持政策。一是盘活乡村闲置的国有资源和资产。在乡镇撤并过程中，大量国有闲置资产逐渐荒废，比如原有的粮站、银行等，应通过合作，支持村集体经济组织盘活位于其村庄范围内的闲置国有资源和资产，出租给各类企业，发展“吃租经济”。二是参考临安区对镇（街）一级承揽工程项目额度分级管理制度，对村一级承揽项目也可实行额度分级管理，在确保村一级操作规范、财务廉洁的前提下，扩大其可承揽项目的范围，促进村集体增收。三是制定相应的税收优惠政策，对村集体经济的发展给予政策上的支持。

（2）提高乡村干部的经营能力。重视村干部村庄经营意识和能力的提升。农村干部队伍结构已经发生重大变化，具有经商经历的年轻村干部比重不断增加，可以多管齐下提高村干部村庄经营能力。一是要重视村干部培训，选派优秀村干部到村庄经营的典型村庄考察学习，提升村干部村庄经营意识。二是通过招收大学生村官、招录专兼职人员等方式和途径，把“一懂两爱”的优秀人才吸引到农村，为农村基层干部队伍注入新活力。三是调动村干部积极性。建立村干部工资增长机制，开展评先选优工作，对村干部进行物质和精神激励。

（3）推进乡村集成改革。推进以土地资源经营为核心的乡村集成改革，拓展村庄经营业务领域。一是土地政策方面，农村集体经营性建设用地与国有土地实现“同等入市、同权同价”。二是税收方面，就“特别法人”权益加强研究，尽快出台配套细则，制定相关税收规费优惠政策。三是金融方面，为村级集体经济组织提供增加授信额度、降低贷款利率等优惠。进一步发挥集体经济有限公司实现集体产权制度和公司治理结构有机融合的创新优势，推进乡村集体经济发展壮大。

浙江省竹产业共富人才培训体系构建研究

季宗富　郭仁聪*

随着新型城镇化的快速推进，乡村人才向城市流动趋势加剧，乡村产业可持续发展面临人才不足、素质不高、结构不优、分布不均等诸多问题。浙江省农村区域是“共同富裕”示范区建设的主战场之一，而共同富裕离不开人才助攻。针对浙江省竹产业共富人才培训中在课程设置、教学方式、评价效果、跟踪服务、培训制度等方面存在的问题，围绕改革教学设计、优化课程设置、突出实践引领、畅通反馈渠道、完善体制机制等5个方面建设培训目标体系、教学标准体系、实践教学体系、教学评价体系和政策支持体系，推进竹产业共富人才培训工作。

竹产业是浙江省十大农业主导产业之一，关系到全省众多“竹子之乡”的经济社会发展、竹林增效竹农增收和生态环境建设。竹产业在“三农”工作中地位十分重要，是浙江省林业产业的重要组成之一，素有“中国竹子看浙江”的美誉。2018 年 2 月，习近平总书记在四川考察时指出，“因地制宜发展竹产业，发挥好蜀南竹海的优势，让竹林成为四川美丽乡村的一道风景线”，并指示当地政府到浙江学习竹产业发展的经验。近年来，竹产业虽存在竹材价格持续低迷、竹林经营利润下降，行业创新能力不足、新品研发迭代速度慢，竹林林相日趋衰败、生态功能下降等问题，但浙江的竹产业依然是丘陵山区社会经济发展的重要引擎、农民增收致富的重要渠道、美丽绿色浙江的重要元素。竹产业是浙江山区农民的重要支柱产业，也是山区农民的共富产业。竹产业高质量发展需要人才，产品创新离不开人才，人才素质的提升离不开培训助力。人才培训是提高竹产业共富人才能力素质的最好途径。浙江省是竹资源大省、竹产业强省，加快构建竹产业共富人才培训体系，是推动浙江竹产业高质量发展，并使之成为我国竹产业发展“重要窗口”的重要举措。

一、浙江省开展竹产业共富人才培训的意义

1. 完善基于产业发展继续教育体系的需要

终身学习指社会每个人为适应社会发展和实现个体发展的需要，贯穿人的一生的、持续的学习过程，即常说的“学无止境”或“活到老学到老”。《中国教育现代化 2035》

* 作者简介：季宗富，浙江农林大学继续教育学院副院长；郭仁聪，国家林草局竹子研究开发中心，经济师。

明确提出，要强化职业学校和高等学校的继续教育与社会培训服务功能，开展多类型多形式的职工继续教育。《中共中央关于制定国民经济和社会发展第十四个五年规划和二〇三五年远景目标的建议》提出，要完善终身学习体系，建设学习型社会。浙江省教育厅关于印发《浙江省社会人员学历提升行动计划（2022—2025 年）》的通知提出，为服务共同富裕示范区建设，有效开发人力资本，提升浙江省社会各类群体尤其是低学历群体的学历层次和受教育水平。竹产业各细分行业，可按类型、层次和专业结构的不同，有针对性地按需开展素质提升和技能提高培训，培养具有深厚“三农”情怀，理想信念坚定的工匠型、领军型、创新型、复合型人才，让竹产业实现全链化发展新模式。根据竹产业发展特点和从业人员职业发展特点构建竹产业共富人才培训体系，积极探索短期培训教育和学历教育的有效衔接。竹产业共富人才培训体系的构建可以完善基于产业的继续教育体系，作为普通教育和职业教育的有益补充。

2. 促进竹产业供给侧结构性改革的需要

竹产业是浙江省推进农村社会经济发展的传统产业，调整和优化其产业结构，新形势下要坚持“两山”发展理念，发展二产、带动一产、促进竹产业三产融合发展。2020 年浙江省竹业总产值 532 亿元，约占全省林业产业产值的 10%。产品出口美、欧、日、韩等几十个国家和地区，年出口额 7 亿多美元。全省有 46 个县的竹业产值超亿元，其中有 12 个县超过 10 亿元。如安吉县有竹产品加工企业 920 余家，其中国家级林业重点龙头企业 2 家、省级林业重点龙头企业 20 家、高新技术企业 6 家。年加工消耗竹材 1.8 亿株，产品涉及八大系列 7 000 余种品种，销往世界各地。但就目前全省竹产业发展总体情况看，仍存在产业发展人才匮乏、行业（企划、培育、研发、加工、管理、营销等）创新人才不足、竹产业三产融合人才缺乏等诸多人才短板，竹产业供给侧结构性改革工作任重道远。开展竹产业人才培训，从学习新发展理念开始，按照竹产业生态高效栽培种植、精深加工和创意制作、竹文旅休闲康养融合发展的思路，细分竹产业一二三产业人才。通过竹产业三产融合和农文旅融合，创新多功能发展、多途径利用和多场景应用的产业发展模式，从而推动竹产业供给侧结构性改革。

3. 提升竹产业全产业链人才素质的需要

竹产业的发展对农业增效、农民增收，尤其是浙江山区 26 县的百姓致富、推动农林业产业提质增效和农林业结构调整具有重要意义。竹产业是浙江省重要的农业产业之一，在国家乡村振兴战略和浙江省高质量建设共同富裕示范区背景下，其产业化高质量发展是否得到重视和有效推进，对浙江山区 26 县竹产业发展来说，具有深远影响。构建竹产业全产业链发展模式，必须不断提升竹产业人才素质，必须积极出台政策引导山区建立专业化、规范化、现代化的竹产业结构，以生态高效栽培技术指导山区竹农运用绿色高效的管护技术和管理规范，建设生态高效的“笋竹两用”有机竹园。根据消费者习惯和新消费需求，充分运用水肥温管理技术，开发不同时节的鲜笋产品，如杭州市临安区一年四季中，不是有春笋、鞭笋，就是有冬笋。开发制作不同消费者喜爱的竹制品和全年龄段的竹制玩具，通过创意设计和市场营销，满足各类消费者对竹制品的消费需求。加强区域品牌建设，整合各地乡村特色资源和传承特色乡村文化，精心设计各类鲜笋和笋制品独特的产品包装，打造区域公共品牌或培育竹（笋）企自主品牌，加大各类品牌的保护力度，设置高端和中低端产品，满足不同层次的消费需求，纵向拓展品牌运营。

4. 实现省域共富高质量建设目标的需要

习近平总书记指出，共同富裕是社会主义的本质要求，是中国式现代化的重要特征，要实现共同富裕，乡村振兴是必经之路。为全面推进乡村振兴、加快农业农村现代化提供有力人才支撑，2021 年 2 月，中共中央办公厅、国务院办公厅专门印发了《关于加快推进乡村人才振兴的意见》，指出要“强化人才振兴保障措施，培养造就一支懂农业、爱农村、爱农民的‘三农’工作队伍”。同年 6 月，中共中央、国务院发布《关于支持浙江高质量发展建设共同富裕示范区的意见》，赋予浙江高质量共同富裕示范区建设的新目标、新定位、新使命。

共同富裕是在动态中向前发展、从低层次向高层次跃升、从局部到整体拓展的过程。乡村人才振兴直接关系到推动乡村振兴战略的总体部署，以及共同富裕的进度和成色。在浙江省建设共同富裕示范区背景下，必须牢牢抓住乡村人才振兴这一关键，使省域共同富裕与经济发展阶段相适应、与现代化建设进程相协调，深化竹产业人才培养供给侧改革，不断形成共富人才培训的阶段性成果，为破解乡村产业人才瓶颈作出一份贡献。由此，政府和省属农林高校如何联动高质量构建竹产业共富人才培训体系，就具有重要的现实价值及实践意义。

二、乡村竹产业共富人才培训的现实困境

1. 培训对象与课程设置困境

一是培训对象的培训需求不清晰。培训开展前，承担培训任务的培训机构缺乏对培训对象情况的了解，没有充分掌握培训对象所需要的知识和技能，培训机构编排的教学内容并非参训人员所需，常常导致培训内容与培训对象需求的错位失衡。二是培训课程的安排不合理。有些培训机构会有“惯性思维”，往往按照培养委托单位的要求或者培训机构从已有培训主题中挑选现成的课程开展培训，以这种简单方式“拼装”成培训课程日程安排表，使得课程安排过程中的“随意性”较大，或导致培训课程相对“陈旧”。三是培训对象的学历层次和从事岗位差异性较大。竹产业共富人才培训对象虽然都从事竹产业工作，但从业人员从事的细分行业不同、受教育程度不同、细分行业从业年限不同，即使细分行业相同但目标客户也存在差异，导致统一的培训课程很难适合每位培训对象，无法让每一位培训对象学到自身所需的专业知识。

2. 师资选择与教学方式困境

一是培训课程的师资难配。培训课程和师资往往是一起确定的，但培训开始时间的确认一般会在此之后，并时常会有突发情况还具有不确定性，这就容易发生因授课教师临时更改行程而导致培训班无法按原定计划实施的情况，从而造成替换类似课程或变更授课教师的现象，这在一定程度上会使培训效果“大打折扣”。二是短期培训班授课教师间团队协作较少、教研活动少，究其原因是短期培训班的师资大都是临时“拼凑”而成，之前又缺乏集体备课，课程体系难以较好地形成，从而导致培训对象无法清晰地掌握系统、完整、全面的培训内容。三是教学方法相对单一。由于受训学员学习的主动性和培训教师的教学习惯等原因，在培训过程中开展探讨式、提问式、混合式教学难度较大，所以目前的培训课程还是以“教师的教”课堂面授为主，缺少问题导向式、小组辩论式的讨论环节，培训学员的学习积极性不易被调动起来，常常出现“坐不住”“听不懂”“不愿问”的现象。

3. 实践教学与效果评价困境

一是实践教学环节相对较少且实践基地不足。培训对象都是各部门和单位从事乡村共富的领导或具体负责人，他们更希望通过实践教学来巩固对理论的掌握，但现有培训体系中实践教学活动较少，难以让培训对象将理论学习与实践应用有效衔接起来。此外，培训机构目前可供开展实践教学的基地数量也不充足，难以构建形式多样、内容丰富的实践教学项目。二是实践教学的深度不够。目前着重动手能力培训的实践教学活动较为欠缺，较多的是游学参观，从而往往存在“看看激动，回去后一动不动”的现象。三是培训效果的评价难以真实开展。目前对培训效果的评价是针对培训机构提供服务的自我评价，缺乏培训对象参训后是否有能力提升和推进具体工作的效果评价。

4. 短期培训与长期服务困境

一是短期培训的时间短，能学到的知识有限。一般情况下，培训时间大都是3～5天，在这么短的培训时间内，既要理论教学、团队活动，又要案例教学、现场示范，还要举办开班、结业仪式和评价测试，最后导致每个教学环节能安排的课程内容和学时就非常有限。二是培训对象想学的专业知识或技能，在培训课程中并没有安排。培训对象虽然都从事竹产业，但往往从事不同工作岗位或不同细分行业，培训课程的设置很难“面面俱到”，即使是从事同一细分行业也会存在较大需求差异。如同为做鲜笋保鲜的受训人员，由于所从事笋的品种不同，出笋时间不同，保鲜技术也就有差别了。三是培训结束后的学员与专家的对接机制不够畅通。很多培训学员希望通过培训认识一些能解决生产过程中实际问题的专家教授，从而在日后的竹林管护、生产加工、产品打磨、创意设计或成品销售过程中遇到问题时，能够找到相应的专家学者，及时沟通并高效解决碰到的问题。

5. 政策法规与培训制度困境

一是关于乡村产业共富人才的配套政策体系尚未健全。目前，终身学习视角下的产业共富人才职业教育管理制度不健全，尚未建立和形成完整的竹产业人才职业技术等级评价机制和乡村产业人才认定机制，还未形成针对乡村产业共富人才尤其是浙江省农业十大主导产业人才的社保、金融、科技、创业等系统性专门化政策，政府部门亟须出台针对主导产业做大做强的一揽子改革集成政策。二是专门针对乡村产业共富人才的培育政策、教育政策不健全。各级党委政府和行业主管部门，高度重视高素质农民职业能力和产业技术人员操作技能的提升工作，但在实际工作中，大多数培训主办单位存在“重预算轻落实”的现象，培训开展时还存在“重过程轻效果”的问题，培训总体绩效有待提高，培训效果也不尽如人意，无法有效发挥政府的主导作用。三是关于乡村产业共富人才的管理制度不完善。2021 年 7 月，《浙江省农业农村现代化“十四五”规划》提出，构建现代乡村产业体系，推进现代乡村产业“十业万亿”培育，构建地域特色的现代乡村产业体系。但未建立关于产业共富人才培训的准入管理制度、从业管理制度、职业发展管理制度等，阻碍了乡村产业共富人才队伍的可持续发展。

三、浙江竹产业共富人才培训体系的构建

1. 改革教学设计，建设分层分类的培训目标体系

培训教学设计是竹产业共富人才培训体系建设的重要方面，关系到学员能否学有所成、学有所用。根据受训对象特点和培训主题，合理安排培训课程内容，可按竹产业的一产生产培训、二产加工培训、三产融合发展培训的思路，建设初级、中级和高级相对应的培训目标体系。竹子全身都是宝，要充分利用各类竹资源，如竹产业的一产生产培训，可充分利用竹园的环境资源和空间资源，发展竹下经济，种植名贵中药材，开展竹下经济培训班，开设竹下种植品种选择、日常管护要点等培训课程。发展竹中经济，开发各种药、专业酒和各种益生菌，开展竹中经济培训班，开设竹酒生产技术、益生菌注入技术和要点等培训课程。发展竹上经济，发展休闲旅游产业，开展竹上经济培训班，开设竹林固碳、竹林康养等培训课程。竹产业共富人才培训体系建设的关键在于如何培养好，其关键又在于建设分层分类的课程体系。培训承办机构应深入开展教学设计改革，拓宽专业选择，增加特色课程。通过专业理论课、文化基础课、专业实践课和学生学历层次、从业年限实现分层分类教学，激发受训学员学习的主观能动性。

2. 优化课程设置，建设多元混合的教学标准体系

优化培训内容和课程，建设多元混合的教学体系，是增强培训效果的关键环节。一是要高度重视培训班的组织工作，从前期的任务分配、组织协调、课程设计、方案制订到后期具体落实、服务保障，都要安排专人负责。二是要组织聘请优秀师资，整合校内

外、省内外众多“名师”“大师”“行业大伽”组成优质师资，以求最好的培训效果，这其中既有高校资深的专家、教授，也有“面朝黄土背朝天”的“土专家”，还要有行业实战精英。优化培训项目设计：5 天计 40 学时的短期班，满足培训对象相对比较分散的技术性、概念性、普及性主题培训活动；8 天计 64 学时的提升班，除包括短期培训的理论教学外，还增加了实地考察内容和实践教学课时；15 天计 120 学时的研修班，满足培训对象相对比较单一、集中，配备专业教师和专家团队，主题鲜明的专题培训活动；30 天计 240 学时及以上的中长期班，满足特定对象，安排多个学习时段、梯度推进教学进度，专业性、系统性的教育培训活动。开办班次多样、主旨鲜明的中短期系列培训班，综合运用专题讲授、现场教学、案例教学、实验性教学、研讨式教学等教学形式，创新运用结构化研讨、论坛式教学、访谈式教学、辩论式教学等教学方法，激发学员积极性、主动性，实现教师、专家和学员三者之间的互动交流和相互启迪。

3. 突出实践引领，建设实操性强的实践教学体系

实践教学是竹产业共富人才培训体系建设的重要环节，也是竹产业共富人才培养的重要环节，是培养学员专业技能、实践能力和创新能力的有效途径。根据竹产业细分行业专业知识更新快、创新性强等特点，通过提高行业实践比重、推行通识类教育课程等，促进人才培训与产业需求相衔接、课程设置与竹类企业标准相关联、教学过程与生产过程相联通。根据培训方案提前安排并落实教学实践基地，明确教学目的和任务，做到有的放矢。组织实践教学活动期间，安排专职指导教师或班主任跟班，指导、督促和维护教学秩序，确保培训对象人财物安全。实践教学的学习考察基地主要有：生态高效种植竹林示范基地、竹林康养基地、竹类加工示范基地、竹下经济种植基地、竹三产融合发展实践教学基地、特色竹休闲旅游基地（点）等。运用大数据评估监测来精准刻画培训对象的知识、能力和综合素质的数据量化评价，通过“画像”来评价竹产业人才培训的质量，并以此来持续改进教学、师资和实践等教育要素，致力重组知识结构，建设科学合理的评价机制，促进竹产业共富人才培训目标的实现。

4. 畅通反馈渠道，建设长期跟踪的教学评价体系

评价体系建设是竹产业共富人才培训体系的要旨。跟踪培养是培训服务功能的拓展和延伸，也是培训服务模式的完善和深化。及时快速解决培训对象的诉求，建立“学员＋班主任＋导师”的新型服务机制，构建“导师一帮一、一帮多”的导师帮带长期跟踪的教学评价体系。交流活动主要是指组织学员与学员、学员与教师之间开展交流互动的教学活动，也包含学员与竹产业经营带头人、示范村镇书记等具有丰富实践经验的竹乡典型人物交流，它既是教育培训服务的重要内容，也是教学服务创新的重要载体和有效途径。采取座谈会、读书会、咨询会、联谊会等多种方式，生动活泼、灵活多样，增加互动式、参与性的内容，确保教育培训活动取得较好的教学服务质量和实际效果。制订并收集《培训学员信息反馈表》，让学员对培训教学、管理情况的评价结果能及时反

馈。通过建设跟踪指导服务体系，建立学员与专家教授联系的桥梁，希望专家教授能为学员提供后续的技术支持和服务。

5. 完善体制机制，建设多方协同的政策支持体系

政府是推进竹产业共富人才培训的中坚力量，多方协同的政策机制是惠农、育农、保农的基础。一是优化竹产业政策支持。竹产业发展是竹产区乡村发展的第一要务，是竹产业共富人才培训的首要工作。大力推动竹产业一产、二产和竹文旅融合发展，发展“互联网＋”农村电商产业和竹产业生产性服务业，因地制宜，拓展竹林多元功能，振兴当地特色竹产业，为乡村共富搭建扎实的产业载体。二是加强涉农高校的智力支持。提供智力支持是高校尤其是地方农林高校为实现乡村振兴与共同富裕目标的关键，故而省属农林高校必须高度重视人才队伍的建设，加大优秀人才的选拔与培养，提高教师业务水平和职业道德水准，培养一大批高水平的知名专家学者和高素质的教师，从而为开展竹产业共富人才培训体系建设提供智力支持。三是推进多级联动、多方协同的政策支持。政府有关部门要优化科技政策、优化创业政策、优化社保支持政策、优化金融支持政策等，创新工作方式方法，扎实推进“两进两回”，让科技进乡村、资金进乡村，青年回农村、新乡贤回农村，从而扎实推进浙江高质量建设共同富裕示范区。

以“建林模式”为启示 建设未来乡村高质量推进共同富裕的对策建议*

徐达　饶晓晓　魏玲玲**

一、“建林模式”在推动乡村振兴实现共同富裕上的做法与经验

建林村在“乡村振兴＋共同富裕”的大导向指引下，以“绿色生态、产业联动”为原则，以“五好”“四美”“三宜”为标准，努力构建新时代美丽乡村、数字乡村和未来乡村融合发展的新模式。

1. 独创建林新模式，推进产业发展更生态

一是创新农村产业平台，打造“建林品牌”。采用“产业＋互联网”的方式，促进并建成包含宣传、招商、公益等一体化平台。景区智慧旅游平台将农家乐、民宿、农产品销售等乡村产业纳入智能化管理，在扩大知名度与影响力的同时，形成建林村“浙江省首批 3A 级景区村庄”品牌效应。注重发挥村民主体作用，吸引和激励社会资本参与和人才回流，形成建林特色的风貌综合体，在新兴平台上促进红色旅游、江南水乡、绿色生态、有机农业、特色民俗融合发展。二是集合生态产业链，打造“建林形象”。基于建林村独特的自然生态环境，充分利用农林牧副渔等自然资源优势“就地取材”，开发出极具乡村价值和地域特征的三产综合产业群。将发展生产与生态保护有机结合，依托生态环境来优化产业，重点发展现代农业和旅游经济。坚持“生态经济化、经济生态化”，引导村民自发投入生态建设，既实现了水、路、园、林、居立体空间的江南水乡自然村风景还原保护美化，又延长了相关生态产业链，变田园风光为生产力，增加了村民收入，提高了幸福指数。三是丰富景区村庄产业模式，打造“建林特色”。夯实旅游发展基础，促进景区村庄运行机制多元化，提升旅游服务能力进而提高乡村旅游吸引力，使特色“梅里”在众多农家乐、民宿等旅游产业中脱颖而出。如圣莱特度假村集餐饮娱乐、休闲度

---

* 本文获得嘉兴市相关领导批示。

** 作者简介：徐达，浙江农林大学风景园林与建筑学院党委副书记、浙江农林大学浙江省乡村振兴研究院副教授；饶晓晓，浙江农林大学风景园林与建筑学院副教授；魏玲玲，浙江农林大学生态文明研究院研究员。

假、户外运动、农业观光为一体，将其风格返璞归真融入自然风光，实现了原生态农家乐产业主题特色发展，为产业生态可持续发展注入持久动力。

2. 开辟建林新机制，推进乡村治理更有效

一是开展“全域秀美”行动，提升环境整治成效。通过疏浚河道、架起景观桥、管控建筑风貌、扩大景观绿化面积，改良景区绿化品质，健全农村生活垃圾“四分四定”收运体系等方式，打造最美生态。同时，村民自发参与优美庭院建设，吸引各方共筑“聚宝建林”，致力保持“美丽建林”。2021 年，建林村被评为嘉兴市首批乡村振兴示范村。二是加快基础设施建设，提升公共服务质量。加快推进“主客共享”型配套设施建设，加快停车场、公共厕所、文体休闲设施等落地速度，建林村公共服务设施用地已达 6 855平方米。在污水治理方面，引进了浙江清华长三角研究院研发的设备，实时监测污水处理设备的运行状态和效果，解决农村生活污水处理设施布局分散、缺乏专业管理人员等问题。三是关注农村安全问题，提升居住环境水平。依法依规有序对农村房屋的场地、建设、使用等安全隐患进行排查整治，及时消除重大风险隐患。在自然防范方面，建林村作为嘉兴市首个“气象防灾减灾示范基地”，为村庄生态和村民生命安全提供相应的保障基础。

3. 制定建林新标准，实现精神文化更富有

一是以党建文化引领建林生活，弘扬红色旋律。发挥基层党组织的战斗堡垒作用，围绕“强党建、兴产业、强基础、惠民生”的思路，引导发展建林特色产业。组建红色运维团队，维系生态、市场秩序；打造米科军旅园，掀起新时代红色旅游浪潮；打好“红色牌”，设计特色主题红色展览馆、打造红色示范“田园追梦”乡村巾帼线路，开创红色研学产品产业等。二是以优秀传统丰富乡村生活，传承历史文脉。培育良好家风家训，推行文明、和谐、友爱家庭建设，开展“文明小康户”评选。举办农事运动会，举行乡村马拉松赛，至 2021 年连续举办 12 届“朱彝尊文化节暨赏梅节”节庆活动。建立国家级非物质文化遗产嘉兴灶头画展示馆“建林分馆”，开展“走进景区学非遗”、嘉兴灶画现场技艺大赛等活动，展现极具乡土特色的非物质文化遗产。三是以现代文明引领建林人文，传递时代风尚。坚持“绿水青山就是金山银山”的理念，将特色人文、生态等元素融入乡村旅游与乡村振兴产业，全力推进景区村庄建设。作为嘉兴市摄影家协会采风基地和秀洲区农民摄影村，打造人气“网红”村嫂摄影队。筹备建林村文化活动中心，打造宜居、宜业、宜游型全域美丽乡村，形成并创新乡村文旅主体。

二、建设未来乡村高质量推进共同富裕的对策建议

1. 深植浙江“千万工程”基因，奋力书写以共同富裕为导向的未来乡村新画卷

一是吹响“生态乡村”集结号，实现未来乡村人居环境的迭代升级。贯彻绿水青山

发展理念，打造秀美“有感村庄”，充分考虑村庄自然环境、历史底蕴等因素，找准村景融合着力点。建议推动“生态修复密码”等生态修复手段的利用，全面保护和修复生态环境。不断丰富人居环境内涵，拓展更加多元化的服务，赋予群众全方位多角度的全新生活体验。挖掘乡村自然、人文内涵，将美丽田园、美丽河湾、美丽庭院等乡村最“嘉”板块融入未来乡村的风貌底色。二是推进公共服务再升级，搭建未来乡村共富体系配套架构。建议打造未来邻里场景，改造提升配套设施，建好群众茶余饭后互动交流的“乡村会客厅”。完善生活配套，打造15分钟幸福生活圈、15分钟健身圈和15分钟养老圈。加快推进乡村新基建，实现千兆光纤网络、5G移动网全覆盖，为数字化生活提供保障。推动公共服务设施品质提升，提升农村文化礼堂、农家书屋等，打造乡村文化高地。三是推动乡村治理现代化，构建美丽乡村和谐新局面。推动城乡公共服务同质化，基本实现村民办事不出村。打造浙江乡村大脑2.0版，推广数字化乡村治理平台建设，提升城乡治理一体化水平。打造未来治理场景，推动基层治理体系改革，全面实施阳光治理工程，深入开展“嘉治”示范村创建，构建自治、法治、德治、智治相融合的乡村治理体系，确保未来乡村和谐有序发展。

2. 擦亮“三农”金名片，不断打造以共同富裕为目标的未来乡村新模式

一是广泛推动农科结合技术集成与应用。通过引资汇智，提高R&D经费占比，加快推进农科院、高校研究院、专家工作站及创新基地等权威高端资源落地。切实提高农业技术研发应用水平，全面深化“两进两回”，不断提升“三农”个体获得感、满足感。建议在产业技术数据化集成的基础上，组建专业化成果推广团队，促进现代化农村产业技术个性化定制、网络化协同、数字化转型，持续营造创新驱动科技兴农氛围。引导云网结合，充分利用大数据农研产业装备，形成“优质产业＋科创团队＋主推项目＋产业基地”乡村振兴组合，促进农科教、产学研紧密结合，持续放大和转化农业农村数字化水平走在前列的优势。二是促进开发未来乡村地域性全产业链。深化“三位一体”改革，开拓新路径、探索新经验。积极培育一批带农作用突出、综合竞争力强、稳定可持续发展的产业化联合体，健全产权利益联结机制，让更多群众在产业链各环节受益。打造以“绿秀洲”为代表的丰收驿站，采用“1＋M＋N”的地域分布模式，以区级农产品展示展销中心为总部，“M”家农产品丰收驿站为支点，逐步推广至各村（社区）、各景区及企事业单位，以点带面将辖区名优特新农产品推向更广阔的市场。三是建设以“三产融合”为代表的未来产业。在全面推进未来乡村建设的过程中，以“三产融合”推进乡村产业发展再上新台阶，不仅要建设“共富菜园”“共富大棚”，还要推动“美丽田园＋”，展示观光农业、数字农业，逐步展示乡村旅游、乡村度假、文化创意等美丽经济。打造村庄独具特色的旅游产品，增加景区村庄的吸引力，形成差异化发展优势，助力景区村庄运营进入良性循环。

3. 系好“党建＋乡村振兴”扣子，努力实现以共同富裕为价值的未来乡村新愿景

一是以党建文化助力惠民工程。打造“网格连心、组团服务”4.0版，依托智慧服务

平台“多网融合＋多元互动”“网格化”迭代升级，开展党员教育培训、农业技术培训指导、农业惠民政策宣传普及等，补“钙”健体。打造党建文化展示墙，组建农村文化礼堂、“红色”文旅室、基层党组织综合服务机构。设立红色文化宣讲队、摄影队等，实现线下宣传线上传播。建议建立新时代乡村治理机制，以基层党建为着力点，打造“党建＋好班子”“党建＋好门路”“党建＋好服务”“党建＋好山水”“党建＋好乡风”的新式乡村格局。二是强化专业化合作运营。探索基层党组织引领产业发展新模式，开展“建设＋服务”双向驱动，赋能未来乡村产业发展。注重人才回流，设立返乡下乡创业激励机制。建议建设乡村文化艺术馆，落实全省“1＋4＋N”数字化改革任务，创建公共文化资源数字平台，打造特色乡村景观 IP 产业。积极探索“政府引领、专业运营、村民参与”的乡村文化挖掘模式，充分利用历史文化资源优势，规划设计推出一批旅游线路，形成未来乡村观光旅游新亮点，有效推动优秀传统文化的创造性转化、创新性发展。三是开创文旅发展现代机制。坚持“一盘棋”谋划、“一条线”贯穿、“一股劲”实干，打造“多产业、多业态”的现代文化产业体系，以数字化手段纵深推进乡村文旅市场监管能力提升和服务转型，奋力为浙江省文化和旅游现代化治理体系建设提供未来乡村文旅样板。

乡村运营理念下的农村茶产业带头人培训体系构建研究

季宗富*

实施乡村振兴战略是一个长远工程、系统工程，产业兴旺是实现乡村振兴的重点，乡村运营是践行乡村振兴的有效途径之一。针对乡村茶产业带头人培训中存在的培训意愿不高、需求调研不够、师资力量不强、培训效果不佳、培训组织不力等问题，围绕当好“战斗员”“勤务员”“示范员”，做乡村振兴的引领者、乡村产业的带动者、共同富裕的实践者的培训目标，提出建设以人为本教育、分层分类课程、多元混合教学、跟踪指导服务、纵横协同支持的五大体系，推进乡村茶产业带头人培训工作取得实效。

茶产业是我国重要的农业产业，包括的内容非常丰富，其中主要包括茶叶种植、茶叶生产加工、茶叶销售等环节。本文的乡村运营是指产业带头人（运营团队）把乡村作为一个市场主体，运用运营前置的思维和市场化的手段，发展乡村产业、挖掘乡村文化、植入旅游产业，将乡村资源优势、生态优势转化为经济优势、发展优势，从而实现村级组织、产业带头人（运营团队）、村民共赢的运营方式。通过资源梳理盘活、主体协调统一实现规模化种植、生产加工和品牌化运作，实现经济效益的最大化，促进乡村产业振兴。乡村产业振兴，关键在人，需要转变思想观念，下大力气开展茶产业带头人知识、技能、素养等各方面素质能力提升的培训工作。

一、乡村运营理念下开展农村茶产业带头人培训的意义

1. 接续全面推进乡村振兴的需要

习近平总书记强调：“实施乡村振兴战略，是党的十九大作出的重大决策部署，是新时代做好‘三农’工作的总抓手。”《中共中央国务院关于做好 2022 年全面推进乡村振兴重点工作的意见》指出：“从容应对百年变局和世纪疫情，推动经济社会平稳健康发展，必须着眼国家重大战略需要，稳住农业基本盘、做好‘三农’工作，接续全面推进乡村振兴，确保农业稳产增产、农民稳步增收、农村稳定安宁。”产业振兴是乡村振兴的基础，做大做强农业产业是乡村产业振兴的重中之重，在以茶产业为主导产业的乡村，通

* 作者简介：季宗富，浙江农林大学继续教育学院副院长。

过加强乡村人才队伍建设，大力扶持、培养一批有文化、懂技术、善经营的茶产业带头人，为传统茶产业发展注入新动能，发挥茶农的主体作用，激发乡村的内生动力，是接续推进乡村振兴战略的有益实践。

2. 推进茶产业高质量发展的需要

茶产业是我国推进农村社会经济发展的传统产业，其产业结构的优化升级与社会经济发展水平、农村经济发展程度具有密不可分的联系。党的十九大报告提出实施乡村振兴战略以来，我国茶产业种植与加工水平呈现稳步上升的趋势，且有的地区持续开展区域品牌建设，取得了很好的成效。但就目前我国农村茶产业发展总体情况看，仍存在产业发展人才匮乏、茶产业精深加工能力不足等诸多问题和短板，尚未形成茶产业全链化高质量发展的格局。开展农村茶产业带头人培训，从转变观念开始，按照茶产业发展的三个主要环节，对细分产业带头人开展有针对性的技能培训，导入乡村运营理念，注入茶产业全链化发展新模式，通过茶产业一二三产业融合和农文旅融合实现多功能发展和多途径活力的乡村发展新模式，从而推进茶产业高质量发展。

3. 提高茶产业链全员收入的需要

茶产业的发展对农业增效、农民增收、山区百姓脱贫攻坚和推动农业产业提质增效以及农业结构调整具有重要意义。茶产业是我国传统农业体系中的主要经济作物之一，乡村振兴战略背景下其产业化发展是否得到重视和有效实施，对乡村产业发展具有深远影响。茶产业全链化发展模式，必须积极帮助农村建立专业化、规范化、现代化的茶产业结构，运用绿色高效的科学技术和种植管理规范，建设生态有机茶园。根据消费者的习惯和消费需求热点，生产制作不同工艺的产品，或开发方便、保健、经济型的茶类新产品如茶饮料、袋泡茶等，满足不同消费者的消费需求。加强品牌建设，整合农村特色资源，精心设计产品独特的包装，打造区域公共品牌或培育自主品牌，加大品牌的保护力度，设置中低端和高端产品，纵向拓展品牌运营。

二、当前开展茶产业带头人培训的困境

1. 供需信息不畅，培训意愿不高

乡村茶产业带头人的培训信息发布在县级市往往以镇（村）委宣传为主，其他宣传方式所占比例极少，宣传方式较为单一。培训单位的宣传不到位导致培训对象无法及时了解相关信息，进而导致供需信息不畅。加之在培训时间上，供给单位与需求对象时间错位；在培训内容上，存在知识更新不及时，时常存在“炒冷饭”的现象；以及有些培训课程讲授的知识要点和操作技能，并不是培训对象想要学的，这些都是影响培训对象培训意愿不高的因素。

2. 人员素质不一，需求调研不够

茶产业主要包括茶叶种植、茶叶生产加工、茶叶销售三大环节，培训对象从事的环节不一样，即使是在行业中从事同一环节，也存在不同的侧重方向，加之培训对象的受教育程度不同、能力素质参差不齐，从业年限也存在差异，导致统一的培训课程很难让每位培训对象学到所需的知识内容。培训开展前，大多培训机构缺乏对培训对象的了解，没有充分调研培训对象的需求，常常导致培训课程与培训需求不匹配。

3. 教学方法单一，师资力量不强

由于培训对象的主动性、互动性和授课老师的教学习惯等原因，目前大部分培训课程还是以课堂面授为主，缺少启发式、混合式教学，缺少问题导向式的讨论环节，培训学员的学习积极性不易被调动起来，加之培训开展时常存在计划开展时间与实际开展时间不一样的情况，造成本已安排好的课程会遭遇原定授课教师因时间冲突而无法来上课的情况，造成临时变更授课教师的现象，还有培训教师之间缺乏集体备课，导致培训对象无法掌握系统、完整的培训内容，使培训效果大打折扣。

4. 培训形式刻板，培训效果不佳

在培训形式上，乡村茶产业带头人或茶叶种植、茶叶生产加工、茶叶销售环节的行业领军人才所需求的培训形式希望现场指导教学，细分行业领军人才更希望通过实践教学来启发理论的掌握，但现有培训体系中实践教学活动较少，难以让培训对象将理论学习与实践应用有效衔接起来。培训机构目前可供开展乡村茶产业各细分环节领军人才培训的实践教学基地数量并不多，难以构建形式多样、丰富多彩、寓教于乐的实验教学场所和实践教学项目，也是造成培训效果不佳的原因。

5. 保障措施欠缺，培训组织不力

乡村人才振兴，是乡村发展的重要实现途径，乡村产业人才的配套政策体系尚未健全，虽鼓励发展乡村特色产业，但有些地方还未形成系统性的专门相关配套政策。目前，大多数培训委托单位（部门）重预算轻落实，重预算执行轻过程管理，培训监督力度不够，督促落实工作质量偏低，无法有效发挥政府的主导作用。有些培训机构在组织实施培训过程中，重经济利益轻培训管理，课程安排不合理、学员考勤不规范、台账记录不完整等现象时常发生，这些都会影响培训工作的总体绩效评价。

三、乡村运营理念下茶产业带头人培训的目标

1. 乡村振兴的引领者

乡村运营理念下统筹谋划发展乡村产业，一是需要前瞻性思考，使政府“有形之手”

与市场“无形之手”巧妙结合；二是需要全局性谋划，使乡村“产业发展”与人才“有效供给”实现创新发展，协调发展；三是需要战略性布局，使乡村“要素资源”与开发“市场资源”实现绿色发展、开放发展；四是需要整体性推进，使产业带头人（运营团队）“资金投入”与村级组织“资源投入”实现利益共享、合作共赢。乡村茶产业带头人要有斗争的精神，发挥自身的知识、技能、资源等优势，当好“战斗员”，带领村民做乡村振兴的引领者。

2. 乡村产业的带动者

乡村运营理念下因地制宜发展乡村产业，一是需要看资源基础，良好的自然资源和生态条件，有利于促进经济发展与生态保护，实现和谐共生；二是需要看农业基础，发展特色作物和特色产业，有利于促进农业发展与产业融合，实现持续发展；三是需要看区位基础，地理位置和便利的交通，有利于吸引大量游客休闲观光，实现宜游宜居宜养；四是需要看文化基础，通过发展特色茶产业来带动发展茶文化，有利于文化兴业和文化强村，实现共生共存。乡村茶产业带头人要有勤劳务实的品质，引导村民共同打造产业集群，当好“勤务员”，做乡村产业的带动者。

3. 共同富裕的实践者

乡村运营理念下以共富思维发展乡村产业，一是需要通过乡村运营让乡村传统茶产业得到新发展，村民通过劳动提高收成；二是需要通过乡村运营使乡村休闲旅游等新业态得到发展，村民通过提升劳动技能增加收入；三是需要通过乡村运营使村集体经济得到发展壮大，村民通过村级集体经济年度分红的方式获得收益；四是需要通过乡村运营让更多的人才进入乡村，村民通过丰富的物质文化生活达到精神富裕。乡村茶产业带头人要有身先士卒的使命担当，不断拓展“绿水青山就是金山银山”的转化通道，当好“示范员”，做共同富裕的实践者。

四、乡村运营理念下的茶产业带头人培训体系的构建

1. 打通教培堵点，建设以人为本的教育体系

解决供需矛盾是乡村茶产业带头人培训体系建设的核心环节。要加强对开展茶产业培训效果的宣传力度，加大对典型茶产业各细分行业领军人才的宣传力度，提高广大培训对象对提升知识技能培训重要性和必要性的认识。要畅通培训信息的传播渠道，在充分利用好传统渠道的同时，还要充分运用各种新型媒体广而告之。要树立创新型、复合型、应用型和国际化的人才培养理念，将人性化教育理念融入培训的全过程。要树立因材施教的理念，按照种植、生产、销售三个主要环节，深入田间地头，深入生产加工车间，深入茶产品销售一线调研，与相关人员进行沟通交流，精准掌握茶产业各环节从业人员现阶段的培训需求，制订以人为本的培训计划并认真组织实施。

2. 改革教学设计，建设分层分类的课程体系

培训课程设计是乡村茶产业带头人培训体系建设的中心环节。根据培训对象的学历层次、从事岗位、行业细分环节、从业年限、工作经历等特点和每期培训班的专题类型与要求，强化课程体系的科学设置和合理安排，统筹制订课程内容、培训班次的学时数及其理论教学、现场教学的构成比例，强调各培训班次主题鲜明、重点突出，具有较强的针对性、可操作性。培训机构应深入开展教学设计改革，根据茶产业细分行业的特点，分别开设初级、中级、高级茶产业领军人才相应的培训课程，分层次不断提升茶产业领军人才的技能，逐渐拓宽专业知识面，以“教精、学实、适用、能用、会用”为原则优化课程设置，增加各层各类特色培训课程。通过文化基础课、专业理论课、专业技能课、专业实验课、专业考察课实现分层分类教学，充分发挥培训对象的主体性，激发培训对象学习的主观能动性。

3. 选优配强师资，建设多元混合的教学体系

培训师资是增强培训效果的关键环节。要下功夫组织优秀师资资源，整合“名师”“大师”与行业大伽组成培训师资团队，以求最佳的师资组合和培训效果，这其中既要有高校资深的专家、教授，也要有“面朝黄土背朝天”的“土专家”，还要有行业实战精英。优化培训项目设计，根据培训对象的不同需求，可开设短期班、提升班、研修班、中长期班，如短期班（5 天 40 学时）满足培训对象相对比较分散的技术性、概念性、普及性主题培训，中长期班（30 天 240 学时及以上）满足特定对象，安排多个学习时段、梯度推进教学进度，开展专业性、系统性培训。综合运用专题讲授、现场教学、案例教学、实验性教学、研讨式教学等教学形式，创新运用结构化研讨、论坛式教学、访谈式教学、辩论式教学等教学方法，激发学员积极性、主动性和行动性，实现教师与学员、学员与学员、学员与专家之间的互动交流和相互启迪。

4. 畅通交流反馈，建设跟踪指导的服务体系

培训服务体系是乡村茶产业带头人培训体系建设的重要环节。跟踪培养是培训服务功能的拓展和延伸，也是培训服务模式的完善和深化。要建立快速响应学员诉求、构建“学员＋班主任＋教授”解答的新型服务机制。交流活动主要是指组织学员与学员、学员与教师之间开展交流互动的教学活动，也包含学员与乡村茶产业带头人、示范村（镇）书记等具有丰富茶产业实践经验的乡村产业典型人物的交流，它既是茶产业带头人培训服务的重要内容，也是培训教学服务创新的重要载体和有效途径。可采取座谈会、读书会、咨询会、联谊会等多种方式，强化互动式、参与性，确保培训取得较好的质量和效果。建立健全培训信息反馈机制，让学员对培训教学、管理、服务情况的评价结果能及时得到反馈。通过建设培训跟踪指导服务体系，建立学员与老师联系的桥梁，希望老师能为学员提供后续的技术支持和服务。

5. 强化政策联动，建设纵横协同的支持体系

政府部门是推进乡村茶产业带头人培训体系建设的中坚力量。乡村茶产业发展是产茶区乡村发展的第一要务，政府部门要加大产业政策、创业政策、社保政策、金融政策的支持力度，创新工作方式方法，加强对乡村茶产业带头人的系统性培育和综合性政策扶持，进一步增加产业带头人的发展实力，激发其示范引领和辐射带动作用。大力发展乡村茶产业和乡村文旅产业，发展“互联网+”农村电商产业、茶生产加工性服务业，因地制宜，创立独具地域特色的乡村茶品牌，不断拓展茶产业多元功能，为乡村产业振兴搭建扎实有效的载体。优化高校和培训机构的智力支持，重视人才队伍建设，加大优秀人才的选拔与培养，不断提高教师业务水平和职业道德水准，培养高水平的知名专家学者和高素质的教师，从而为乡村茶产业带头人培训体系建设提供智力支持。